CATALOGUE

RAISONNÉ

DU CABINET

DE FEU

PIERRE-FRANÇOIS BASAN père.

CATALOGUE

RAISONNÉ

DU CABINET

DE FEU

PIERRE-FRANÇOIS BASAN père

CATALOGUE

RAISONNÉ

D'UN CHOIX PRÉCIEUX

DE DESSINS,

ET D'UNE NOMBREUSE ET RICHE COLLECTION

D'ESTAMPES

ANCIENNES ET MODERNES,

EN FEUILLES, EN RECUEILS ET EN ŒUVRES,

LIVRES A FIGURES,

SCIENCES ET ARTS,

TABLEAUX

ET AUTRES OBJETS CURIEUX,

Qui composoient le cabinet de feu PIERRE - FRANÇOIS BASAN père, graveur & ancien marchand d'estampes.

Par L. F. REGNAULT, peintre & graveur.

A PARIS,

Chez $\left\{\begin{array}{l}\text{l'Auteur, rue Jacques, cloître extérieur du} \\ \text{Val-de-Grace, n}^\circ\text{. 234.} \\ \text{& rue & maison Serpente.}\end{array}\right.$

AN VI. DE LA RÉPUBLIQUE.

A LA MÉMOIRE DE P. FR. BASAN.

P. P. Choffard f.ᵗ L'AN VII....

...GÉ HISTORIQUE
DE LA VIE
...RE-FRANÇOIS BASAN.

...FRANÇOIS BASAN né à Paris le
... 1723, de Pierre-Claude Basan, mar-
... vin de cette ville, & de Nicole Cher-
... apporta en naissant d'heureuses dispositions
..., & trouva dans sa famille la facilité
... Etienne Fessard son oncle ma-
(au second dégré) lui donna les premières

leçons du deſſin & de la gravure : paſſé de cette école dans celle de Jean Daullé, les avis de ce maître & ſon aſſiduité au travail ajoutèrent à ſes talens.

Dans l'age où d'autres commencent à peine à penſer à leur ſort, ſon ambition lui fit déſirer la poſ-ſeſſion d'un fond de planches, comme un moyen d'arriver à la célébrité & à la fortune. Des ſe-cours étrangers devenoient néceſſaires à ce projet; aidé des conſeils d'habiles artiſtes & des ſecours de ſes camarades d'études devenus ſes collabo-rateurs, il en commença l'exécution : une acti-vité extraordinaire lui fit bientôt déſirer un théatre plus étendu ; il quitta la pratique de ſon art pour ſe livrer au commerce. Entré dans la carrière qu'il a parcourue avec tant de ſuccès, l'ardeur qu'il y apporta avoit attiré les yeux ſur lui : diſtingué par le célébre Mariette, l'amitié & ſurtout les conſeils de cet amateur dévelop-pèrent ſes moyens naturels. C'eſt dans les re-cherches profondes de cet excellent guide que le jeune Baſan puiſa les connoiſſances néceſ-ſaires à ſon nouvel état.

L'amour de l'étude & le défir d'ajouter à fes lumières, lui firent parcourir la Flandre, la Hollande & l'Angleterre, portant dans l'examen des cabinets, l'efprit obfervateur & la fagacité dont il étoit doué : fes voyages multipliés perfectionnèrent fes connoiffances & fervirent à établir les bâfes des correfpondances qu'il étendit depuis dans toute l'Europe.

A fon activité eft dû l'agrandiffement du commerce d'eftampes ; créateur des échanges avec les nations voifines, la communication des chef-d'œuvers dont elles fe glorifient, devint fon ouvrage ; nous lui devons auffi l'ufage moderne des épreuves avant la lettre. (*) Au milieu des occupations qu'entraînoit un commerce confidérable, il conçut le projet d'un dictionnaire des graveurs : le défir d'épargner aux curieux des recherches multipliés, le détermina à donner cet ouvrage : la première édition parut en 1767 fous le titre de

---

(*) Les épreuves des ouvrages des graveurs anciens, font rarement avant la lettre ; ces fortes d'épreuves ne font la plufpart que des effais : il eft très-rare d'en trouver de parfaitement terminées ; alors même elles ne font que le fruit du hazard.

dictionnaire des graveurs anciens & modernes. (*)
La rapidité avec laquelle elle fut enlévée, est
une preuve du mérite & de l'utilité de l'ouvrage. (**) Quelques années après, appelé par
les dernières volontés de feu M. Mariette à
rédiger le catalogue de la collection qu'avoit
laissée cet illustre amateur, son zèle à remplir
ce devoir de l'amitié & de la reconnoissance
& surtout l'ordre qu'il établit dans ce travail,
augmentèrent l'idée avantageuse qu'on avoit
conçue de son savoir. (***)

A ne le considérer que par sa dextérité
dans le maniement des affaires & les heureux

(*) A la suite de cet ouvrage, P. Fr. Basan plaça les catalogues des œuvres de Jac. Jordaens, Corn. Visscher & P. P.
Rubens, faits par Rob. Hecquet graveur, & publiés par cet
artiste en 1751 ; les corrections & les augmentations qu'il fit
à celui de P. P. Rubens, peuvent le faire regarder comme un
nouvel ouvrage, le tout forme 3 vol. in-12.

(**) En 1789 il donna une seconde édition de son dictionnaire des graveurs ; cette nouvelle édition en 2 vol. in-8. est
considérablement augmentée ; on y trouve des planches gravées par
des artistes dont il est parlé dans l'ouvrage.

(***) Dans le nombre des catalogues qu'il a publiés, on distingue ceux des cabinets Bouchardon, Rumpré, Slodtz, Quarré
de Quintin, Fabre, les Vanloo, Mariette ci-dessus nommé,
Neyman, Latour-d'Aigues, Marigny, Cochin & Aliamet.

réfultats de fes opérations commerciales, on
pourroit aifément le regarder comme le premier homme de fon état : mais à ces talens il joi-
gnit de profondes connoiffances, & un coup
d'œil prompt, pour juger de la perfection
des objets d'arts. Sous les rapports de la gravure, on regretera fans doute qu'il ait aban-
donné une carrière qu'il eût illuftrée : (*)
éditeur de plufieurs recueils, leur exécution
prouve ce qu'on doit attendre de l'homme
éclairé. (**) Ses écrits auroient répandu de
grandes lumières fur les arts, mais l'extrême
vivacité de fon caractère étoit peu propre à

(*) Un burin ferme & des travaux brillans diftinguent fes
ouvrages; traducteur de maîtres italiens, flamands, hollandais
& français, on trouve dans le nombre de fes productions, des
morceaux intéreffans pour les recueils des galeries de Brühl &
de Drefde : les planches qu'il a copiées d'après Rembrandt,
font d'une vérité d'exécution qui fouvent les a fait prendre
pour les originaux.

(**) Dans fes recueils on remarque les fix cents cinquante-
morceaux d'après différens maîtres des trois écoles, faifant
partie des planches de fon fond, recueillies en 6 vol. in-fol.
connues fous le titre d'œuvre de Fr. Bafan; les figures des
Métamorphofes d'Ovide, en fociété avec le Cit. Le Mire qui
en a gravé les fujets les plus intéreffans. Les cabinets Choi-
feul & Poullain font au nombre des derniers ouvrages qu'il a
publiés.

consigner les nombreuses observations dont sa mémoire étoit ornée.

Sensible au progrès de l'art, encourageant les jeunes artistes, son premier mouvement le portoit à les obliger : les soins, les peines & les démarches lui coutoient peu lorsqu'il pouvoit concourir à leur avancement. Partageant son tems & ses veilles entre eux & le commerce, quarante années de travaux lui méritèrent l'estime publique & la considération des amateurs. Dans le nombre des traits qui l'honorent, nous ne rappelerons que ceux-ci : lorsque Jean-François Rousseau lui présenta les épreuves de la Sainte Famille qu'il venoit de graver d'après le tableau d'Adr. Vander Werf, pour la suite du cabinet de Choiseul, Basan admirant l'habile exécution de cette planche, croit n'en pouvoir assez payer l'auteur, lui ouvre sa caisse, l'invite à y puiser en lui disant que *de pareils talens étoient sans prix*. Le modeste Rousseau ne prit qu'une légère somme pour le payement de son excellent ouvrage. En 1771, M. de Choiseul fortit du miniſtère, ſe retira à Chanteloup, Baſan ſe rendit près de lui ; ce miniſtre en le préſentant à ceux qui l'avoient accompagné dans ſa retraite, leur dit en lui frappant ſur l'épaule : *Voici, meſſieurs, le maréchal de Saxe de la curioſité.* (*).

Baſan avoit épouſé Marie Drouet, qu'il perdit après trente-ſept années de mariage ; deux fils qui lui ſuccédèrent dans ſa maiſon de commerce, & une fille mariée au Cit. Poignant qu'il s'étoit aſſocié, furent les ſeuls enfans reſtés de cette union. (**) Les chagrins que lui cauſoient la perte de ſon épouſe & la retraite où le plaça la ceſſation des affaires, étoient adoucies par ſes liaiſons avec pluſieurs artiſtes & les jouiſſances que lui offroit le cabinet qu'il s'étoit conſervé.

(*) M. de Choiſeul avoit réuni un choix de tableaux précieux, la plupart de maîtres hollandais ; (ce cabinet fut vendu lors de ſa ſortie du miniſtère), déſirant joindre à cette collection les eſtampes des plus habiles graveurs des Pays-Bas, Baſan fut chargé par ce miniſtre de former cette partie de ſon cabinet.

(**) Antoine-Simon-Ferdinand Baſan, le plus jeune de ſes fils, eſt décédé le 2 meſſidor de la préſente année.

Il trouva dans les foins de fa famille & au fein de l'amitié, le repos dû à fes travaux ; mais fon caraɔère vif & agiffant s'accordoit difficilement avec les douceurs d'une vie paifibie. Attaqué d'une maladie inflammatoire, fuivie de plufieurs mois de langueur, il termina fa carrière le 22 nivofe an cinq, (correfpondant au 12 janvier 1797 vieux ftyle), généralement regreté, laiffant à ceux qui parcoureront la même carrière, un modèle difficile à fuivre.

AVANT-PROPOS.

Ce qu'on nous rapporte des ouvrages des peintres de l'antiquité ne nous laiſſe qu'une idée imparfaite de leur mérite, tandis que les belles ſtatues & les excellens bas-reliefs parvenus juſqu'à nous attirent nos ſuffrages : on doit croire cependant que des hommes ſaiſis d'admiration à la vue de la ſtatue de Laocoon, n'auroient pu ſe contenter de médiocrité dans les ouvrages de la peinture, & accorder à des tableaux d'un mérite ordinaire, les éloges qu'ils prodiguoient aux ſublimes productions de la ſculpture; dès-lors on ne peut douter que ces deux arts n'ayent marché d'un pas égal.

La peinture jouiſſoit chez les Grecs & chez les Romains d'un haut degré d'eſtime; l'univers attentif à ce qui ſortoit des mains des habiles peintres, regardoit leur ouvrage plutôt fait pour les dieux que pour les hommes : les villes & les peuples ſe les diſputoient & s'eſtimoient heureux de les poſſéder ; ſouvent un ſeul de leurs tableaux étoit préféré à la conquête la plus avantageuſe.

Dans ces ſiècles ſi favorables aux arts la peinture a manqué de traducteurs fidèles ; les deſcriptions qui nous ſont parvenues en conſervant les noms fameux des Zeuxis & des Apelles, n'ont que très-foiblement perpétué le ſouvenir de leurs ouvrages. Sans l'art de la gravure, dont l'invention date de la renaiſſance de

la peinture (1), les tableaux des Raphaël, des Michel-
Ange, des Rubens, des Pouñin, des Le Brun &
d'une foule d'hommes célèbres , auroient fubi le
même fort que ceux des maîtres de l'antiquité. Cet
art ingénieux nous a tranfmis leurs chef-d'œuvres
par des copies fidèles ; & préfervé les conceptions du
génie, du néant dont la deftruction avenir les me-
naçoient. Eh ! quelles traductions plus propres à nous
les conferver, que celles de la gravure; elles fe mul-
tiplient à l'infini, & par leur nombre font en quel-
que forte à couvert de la fureur du tems. Nous
devons donc aux premiers graveurs & fur-tout à
André Manteigne & à Marc Antoine, la confer-
vation d'une partie des ouvrages de peinture que
vit naître le quinzième fiècle.

Marc-Antoine, le plus célèbre graveur qu'ait eu
l'Italie, avoit étudié fous les meilleurs peintres de

____

(1) Les Allemands placent l'origine de la gravure en cuivre ,
entre 1440 & 1450 ; Martin Schoen peintre & graveur né à
Culmbach & établi à Colmar , & Ifraël Mekeln père & fils ,
font, fuivant eux, élèves des premiers graveurs dont les noms font
inconnus. Les Italiens l'attribuent à Mafo Finiguerra orfévre Florentin, & en indiquent l'origine vers 1460. En général les premiers graveurs fur cuivre étoient orfévres, ils exécutoient depuis
long-tems fur les ouvrages de leur profeffion, des fujets & des
ornemens dont ils parvinrent à extraire des empreintes vers le
milieu du quinzième fiècle. Le cifelet fut communément em-
ployé dans les ouvrages publiés par ces premiers maîtres.

La gravure en bois, imprimée en clair obfcur, a précédé la
gravure en cuivre ; fon origine date de la découverte de l'imprimerie à laquelle peut-être elle a donné naiffance.

ſon tems; s'il eut le bonheur de graver ſous la conduite de Raphaël, nous ſommes heureux que ce grand homme ait été traduit par un auſſi habile deſſinateur. Dès la naiſſance de la gravure les peintres s'y livrèrent (1), moins pour rendre les effets de la peinture, que pour propager leurs compoſitions. Leurs eſtampes doivent donc être regardés comme des deſſins où l'on trouve ſouvent le jet d'une imagination ardente, & le vol rapide des premières penſées.

Tandis que l'Italie voyoit ainſi multiplier ſes chef-d'œuvres, l'Allemagne & les Pays-Bas s'enorgueilliſſoient des productions des Albert-Durer & des Lucas de Leyde dont les travaux aſſuroient à leur auteur une gloire durable. A ces premiers maîtres de l'art ſuccéda une foule d'artiſtes; leurs ouvrages juſqu'au dix-ſeptième ſiècle préſentent des progrès ſouvent inſenſibles : alors parurent les Viſſcher, les Bolſwert & les Vorſterman, la gravure prit un

---

(1) Leurs ouvrages ſont la plupart gravés à l'eau-forte; ce genre de travail & celui connu par les artiſtes, ſous le nom de pointe ſeche, paroiſſent avoir été employés dès l'origine de la gravure en cuivre. On obſervera que les maîtres du dix-ſeptième ſiécle & ſur-tout les Français, en alliant l'eau-forte & la pointe ſeche aux travaux du burin, donnerent à leurs ouvrages ce charme d'exécution qui les fait admirer. Les artiſtes modernes, Jaç. Ph. Le Bas & ſes élèves, ont fait de la pointe ſeche une application plus fréquente que les maîtres anciens; ce procédé donne à leurs ciels & aux parties lumineuſes de leurs eſtampes, des tons d'une fraicheur & d'une légèreté inconnue dans les ouvrages de leur prédéceſſeurs.

nouvel eſſor ; des travaux qui ſouvent n'avoient exprimé que les formes extérieures, devinrent d'une exécution harmonieuſe ; la magie du clair obſcur & les différens tons de la couleur ſe répandirent dans leurs eſtampes. De ces artiſtes intelligens les deux derniers avoient étudiés dans l'école du célèbre Rubens, génie univerſel qui ſans doute aida au développement des nouvelles régles de la gravure. Le dégré de perfection qu'elle acquit alors , eſt dû aux travaux dont ce grand homme dirigea l'exécution.

Peu de tems après cette époque mémorable, parurent les premiers eſſais de la gravurè en manière noire (1).

La France poſſédoit alors dans la gravure des maîtres du premier mérite : les Poilly , les Nanteuil , les Maſſon , les Stella & les Peine traitoient leur art avec un ſuccès égal à celui des meilleurs artiſtes des Pays-Bas, & joignoient à la marche ſavante de leurs travaux une plus grande correction de deſſin. Un émule de ces grands artiſtes parut pour la gloire de ſa patrie, le célèbre Gérard Audran : cet homme ſupérieur inſpiré par le ſentiment profond de ſon art, donna à la gravure de l'hiſtoire, ce grand gout de deſſin & cette marche ſavante qui n'a pas eu d'imitateurs. Gérard Edelinck ſon contemporain exécuta

____

(1) Louis Siegen ou Sichen, lieutenant colonel au ſervice du prince de Heſſe-Caſſel, l'inventa en 1643. Ce genre de graver fut porté depuis en Angleterre au plus haut degré de perfection.

des eſtampes où la pureté des travaux eſt alliée aux ſentimens & à l'expreſſion. Le ſoin & le fini précieux que les Drevet ont apportés dans le genre du portrait, laiſſe peu d'eſpoir à leurs ſucceſſeurs de les ſurpaſſer.

La gravûre, comme on vient de le voir, acquit dans le ſiecle dernier le degré de gloire que la peinture avoit obtenue dès ſa renaiſſance ; cette dernière alors dans ſa régénération, dut ſans doute la célérité de ſa marche aux génies des Raphaël & des Michel-Ange. Aidés des veſtiges de l'antique, ces grands hommes lui rendirent en peu de temps ſon ancienne ſplendeur. La gravure au contraire née à cette époque eut à franchir des difficultés ſans nombre ; rien n'aſſigne à cet art une exiſtence antérieure. Les travaux des cartiers nommés en Allemagne tailleurs de formes ou de moules, connus à l'époque de la découverte de l'imprimerie, avoient donné naiſſance à la graveure en bois. Mais ſi les ouvrages de ce dernier genre aidèrent les pas chancelans de la gravure en cuivre, ils y introduiſirent leur ſtyle barbare & gothique. Ce que Raphaël & Michel-Ange firent pour la peinture renaiſſante, fut créé en gravure par les Mantegne, les Marc-Antoine, les Albert Durer & les Lucas de Leyde. Comme nous l'avons vû, plus d'un ſiècle s'écoula après ces ſavans artiſtes, ſans que l'art eût fait de progrès ſenſible. Il étoit réſervé au dix-ſeptième ſiècle de voir la gravure portée au plus haut degré :

l'hiftoire & le portrait préfentèrent alors un deffin d'un grand caractère; au fentiment de la couleur & aux beaux effets du clair obfcur, fe trouvèrent joints la marche favante, la fonte admirable des teintes, les travaux d'un choix raifonné & d'une exécution précieufe.

Tel étoit l'état de la gravure au commencement de ce fiècle : toutes les parties de cet art paroiffoient avoir acquis leur point de perfection; une d'elles cependant, quoique traitée d'une grande manière par les artiftes précédens, obtint un mérite jufqu'alors inconnu. François Vivarès créa dans la gravure du payfage une marche favante, & la belle exécution de fes eftampes lui mérita le titre de premier graveur de ce genre (1). L'Angleterre doit aux leçons de cet homme célèbre la plupart des artiftes qu'elle voit fleurir ; comme Rubens compta dans fes nombreux élèves l'illuftre Van Dyck, de même Vivarès vit au nombre des fiens W. Woollett ; ce dernier obtint dans la gravure du payfage & de l'hiftoire, les fuccès dûs à fes grands talens. Les premières productions de la gravure à l'imitation des deffins aux crayons parurent vers le milieu de ce fiècle, & peu d'années après celle dite au lavis (2) : ces deux genres ont

---

(1) *Voyez* l'article de ce maître, *Pag.* 189, du préfent Catalogue.

(2) Jean-Charles François, né en 1703, grava le premier en manière de crayon. Gonord & Gilles de Marteau portèrent ce genre à fa perfection ; ce dernier fut reçu à l'académie de Paris

porté la traduction des deffins à une imitation parfaite.

La gravure à ce point de perfection voit fleurir dans les différentes parties de l'Europe des artiftes d'un mérite diftingué; ces hommes habiles acquièrent par leurs travaux des droits à l'eftime de leurs concitoyens, la poftérité reconnoiffante leur affignera fans doute un rang honorable près des grands hommes qui ont immortalifé cet art.

---

en 1776, fur l'eftampe repréfentant Lycurgue bleffé dans une fédition. Louis Marin Bonnet mort en 1793, fuivit cette manière de graver, & par des planches repairées parvint à imiter la peinture au paftel. (Les Anglois ont gravé une manière de crayon, fous le titre de pointillé : W. W. Ryland, plufieurs de fes contemporains & de fes fucceffeurs ont donné dans ce genre un nombre infini d'eftampes recherchées par le fini précieux & les graces de leur exécution). De tous ceux qui gravèrent dans le genre dit du lavis, Jean-Baptifte Le Prince, peintre François, eft celui dont les procédés ont obtenu le plus grand fuccès; cet artifte né à Metz en 1733, termina fa carrière à Paris en 1781.

Jean-François Janinet né à Paris en 1753, artifte vivant, multiplia les planches au lavis, & par les mélanges de couleurs, fit paroître en 1773 ces premiers effais d'eftampes colerées. Jacques-Chriftophe Le Blond né en 1670, & Jean & Dagotti Gautier avoient précédemment gravé & fait imprimer des planches en couleur. Le premier de ces artiftes eft regardé comme l'inventeur de ce genre.

AVERTISSEMENT.

Les objets de cette collection sont classés par Écoles ; les dessins & les estampes en feuilles subdivisés dans chacune d'elles sont par ordre alphabétique de peintres. L'ordre chronologique a été observé pour l'article des Recueils & des Œuvres, les Livres à figures, les Tableaux & les objets de curiosité ; ces derniers en très-petit nombre sont placés à la suite. On observera que les noms des maîtres d'Italie sont écrits suivant l'idiôme qui leur est propre, & que l'ortographe incorrecte de ceux des graveurs de Rubens a été scrupuleusement observée ; ainsi l'on trouvera ces noms écrits tels qu'ils se lisent au bas de leurs estampes.

Ce cabinet sera vendu dans le commencement de l'an sept ; l'époque précise de la vente sera annoncée par les papiers publics. On distribuera alors une feuille indicative des vacations.

Nota. L'étoile placée à côté des N°s., sert à indiquer les pièces encadrées ; le mot *épreuve* est indiqué dans la plupart des descriptions par l'abbréviation *épr*. Les lettres B. C. T. mises après les articles des tableaux, indiquent qu'ils sont peints sur Bois, Cuivre ou Toile. La Table des artistes est placée à la fin du catalogue, leurs noms & prénoms sont suivis des N°s. des pages où sont indiqués leurs ouvrages. A la suite de cette Table se trouve placée celle des matières.

CATALOGUE

D'UNE PRÉCIEUSE COLLECTION

DE DESSINS ET D'ESTAMPES,

ET DE QUELQUES TABLEAUX

ET AUTRES OBJETS CURIEUX,

Qui compoſoient le Cabinet de feu P. Fr.
Basan, Graveur & ancien Md. d'Eſtampes.

DESSINS, ÉCOLE D'ITALIE.

ARPINO, (Giuſeppe Ceſare) *dit le
Joſepin, Napol.*

Nº. 1* Une première Penſée du maſſacre des
Innocents; à la plume & au biſtre, ſur
papier blanc. Haut. 8 pouc. 3 lign. larg.
6 pouc.

BARBIERI, (Giovanni Franceſco)
dit le Guerchin, Bol.

2* La Charité humaine, préſentée par une
jeune femme accompagnée de trois en-

A

fans; à la ſanguine eſtompée, ſur papier
blanc. Haut. 14 pouc. larg. 13 pouc.

3* Une Femme près de quatre Guerriers, l'un
d'eux tient un arc; près de là un ſecond
appuyé ſur une caiſſe, ſemble endormi; ce
morceau, fragment d'une plus grande compoſition, eſt à la plume & au biſtre, ſur
papier blanc. Haut. 10 pouc. 3 lign. larg.
15 pouc.

Deux Payſages agreſtes, ornés de figures
& animaux; à la plume, ſur papier blanc.
Haut. 9 pouc. 10 lign. larg. 15 pouc. 3 lign.

CARDI, (Luigi) *dit le Civoli, Flor.*

5* St. Pierre donnant le baptême à une jeune
femme; deſſin à la plume, lavé à l'indigo,
ſur papier blanc. Haut. 9 pouc. 4 lign. larg.
6 pouc.

CASTELLI, (Bernardo) *Gen.*

6 Le Calvaire; on y voit les Stes. Femmes
au pied de la croix de notre Seigneur; à
la plume & au biſtre, rehauſſé de blanc, ſur
papier bleu. Haut. 10 pouc. 6 lign. larg.
10 pouc. 3 lign.

CASTIGLIONE, (Giovanni Franceſco)
dit le Benedette, Gen.

7 Allégorie fabuleuſe; eſquiſſe à l'huile, ſur
papier; & une feuille d'Études d'animaux,
indiquée au pinceau.

CELONY, (Giovanni).

8 Sépulture donnée à un mort; ſujet d'un effet
piquant, au biſtre, rehauſſé de blanc.

LEONE, (Guglielmo di) *Parm.*

9* Le Départ de Jacob en Meſopotamie, compoſition terminée par un Payſage; à la plume
& à l'encre, ſur papier blanc. Haut. 10 pouc.
3 lign. larg. 16 pouc. 6 lign.

LEONI, (Ottavio) *dit le Padouan*, *Rom.*

10 Trois Etudes de têtes d'hommes, aux
crayons noir & blanc, ſur papier bleu.

MARATTI, (Carlo) *Rom.*

11* L'Enfant Jéſus careſſé par la Vierge &
St. Joſeph; à la ſanguine, ſur papier blanc.
Haut. 10 pouc. 6 lign. larg. 8 pouc. 4 lign.

12* La Vierge entourée de chérubins, & portée au ciel par des anges; St. Charles &
St. Chriſoſtóme ſe voyent dans le bas de la
compoſition; lavé au biſtre, rehauſſé de
blanc, ſur papier gris. Haut. 18 pouc. 6
lign. larg. 2 pouc. 4 lign.

PALMIERI, (C....) *ou Palmerius*, *Parm.*

13* St. Jérôme à genoux en prière, les yeux
élevés au ciel; deſſin à la plume & au biſtre,
ſur pap. blanc. Haut. 15 pouc. larg 12 pouc.

14* Départ de Cavalerie, ſur le devant un
Trompette ſonne le rappel; le pendant offre
des Soldats chargeant ſur des chevaux les
effets de campemens; compoſitions d'un
grand effet, à la plume, lavées à l'encre,
ſur papier blanc. Haut. 16 pouc. 6 lign.
larg. 22 pouc. 6 lign.

15* Deux Payſages avec rivières , fabriques , figures & animaux ; au biſtre ſur papier blanc. Haut. 11 pouc. 4 lign. larg. 15 pouc. 3 lignes.

16 Deux feuilles d'Etudes de Soldats , d'après le Guerchin & Simonini ; la première ſur le deſſin indiqué ſous le N. 3 du préſent Catalogue ; elles ſont à la plume , ſur papier blanc.

PANNINI, (Giovanni Paolo) *Rom.*

17* Notre Seigneur prêchant au milieu des docteurs, compoſition de quarante figures ; à la plume & au biſtre, rehauſſée de blanc. Haut. 14 pouces 10 lign. larg. 10 pouces 7 lignes. Ce deſſin , l'un des plus capitaux de ce maître , a fait l'ornement des cabinets de Julienne , Boiſſet & de la Mure.

18* Réunions de Veſtiges antiques d'Italie , parmi leſquels on diſtingue le Panthéon ; des figures ornent ces deſſins , faits à la plume , lavés au biſtre , ſur papier blanc. Haut. 9 pouc 3 lign. larg. 13 pouc. 3 lign.

PIPPI , (Giulio) *dit Jules Romain , Rom.*

19* Cléobis & Biton traînant le char d'Argie leur mère , Prêtreſſe du Temple de Junon , pour n'en pas retarder le ſacrifice ; intéreſſante compoſition de vingt neuf figures , l'une des plus belles productions de ce maître ; à la plume & au biſtre , rehauſſé de blanc , ſur papier bleu. Haut. 15 pouc 4 lign. , larg. 29 pouc. 6 lign. Ce deſſin reſtauré dans les angles , paroît venir du cabinet de Boule :

on obſervera que cette reſtauration ne porte aucun préjudice au ſujet.

ZUCCARELLI, (Franceſco) *Flor.*

20* Un Payſage traverſé par une riviere bordée de fabriques; des maſſes de grands arbres ſe détachent ſur un ciel lumineux, & occupent la gauche du devant; on y remarque un pâtre jouant du chalumeau, & des jeunes filles près d'un troupeau; à la plume & au biſtre, rehauſſé de blanc, ſur papier roux. Haut. 9 pouc. 6 lign. larg. 14 pouc. 6 lign. un effet piquant & une ſavante exécution, diſtinguent cette production.

ÉCOLES

DE FLANDRE, DE HOLLANDE

ET D'ALLEMAGNE.

AGRICOLA, (Chriſtophe Louis) *All.*

21* Un Payſage ſur le devant duquel eſt un oiſeau mort; morceau à gouache. Haut. 11 pouc. 2 lign. larg. 8 pouc. 6 lign.

AKEN, (Jean Van) *Allem.*

22 Foire de village & Etude de payſage, à la plume, lavés à l'encre. Le premier deſſin rehauſſé de blanc.

ASSELIN, (Jean) *dit Crabétie, Holl.*

23 Veſtiges d'un monument antique, & Etude de payſage; à l'encre, ſur papier blanc.

A 3

BACKUYSEN , (Louis) *Holl.*

24* Des Vaiſſeaux en pleine mer , & des Barques
     à voiles , deſſin à la plume , lavé à l'encre ,
     ſur papier blanc. Haut. 3 pouc. 10 lignes ,
     larg. 5 pouc. 10 lign.

BATTEM , (Van) *Holl.*

25 Femme enlevée par des guerriers ; ſujet
    exécuté à l'encre , rehauſſé de blanc , ſur
    papier bleu. Hauteur 6 pouc. 4 lign larg.
    8 pouc. 2 lign.

BLOEMAERT , (Abraham) *Holl.*

26 Etude de S. Pierre , autres de S. Jacques &
    des enfans de Niobé ; à l'encre & au biſtre ,
    rehauſſé de blanc.

BLOEMEN , (Norbert Van) *Flam.*

27 Marché aux Chevaux , & ſix feuilles d'Etudes
    d'Animaux ; le premier lavé à l'encre de la
    chine , les autres faits à la ſanguine.

BOUT , (Pierre) *Holl.*

28 Halte de Chaſſeurs près d'une fontaine ; deſſin
    à la plume , lavé à l'encre , ſur papier blanc.
    Haut. 7 pouc. larg. 9 pouc. 6 lign.

BREUGHEL , (Pierre) *Holl.*

29* La guériſon d'un Poſſédé , deſſin à l'encre ,
     rehauſſé de blanc & coloré. Ce ſujet de
     forme ronde , retouché par P. P. Rubens ,
     porte 8 pouces de diamètre.

BRIL , (Paul) *Flam.*

30* Deux Payſages , l'un offre une Chaſſe au
     cerf ; des Payſans qui abattent des arbres ,

se voyent dans le second ; quelques fabriques & grand nombre de figures & animaux enrichissent ces compositions ; faites à la plume, lavées à l'encre & au bistre, sur papier blanc. Haut. 7 pouc. 6 lign. larg. 12 pouc. 6 lign.

DIETRICY, (Christian William Ernest) *Allem.*

31 Le Baptême de l'Eunuque de la reine Candace : deux Paysages avec figures & animaux ; le premier dessin est au bistre, les autres à l'encre de la Chine, sur papier blanc.

DUSART, (Corneille) *Holl.*

32* Un Fumeur & une jeune Fille à table dans un bosquet ; des Buveurs se voyent plus loin, & des masures terminent le fond ; ce sujet exécuté à la mine de plomb, sur vélin, porte la date de 1694. Haut. 14 pouc. 2 lign. larg. 10 pouc. 9 lign.

FOUCQUIER, (Jacques) *Flam.*

33 Une Masure où des Vignerons déposent les fruits de la vendange ; des masses de Paysages occupent le surplus de la composition ; lavé à l'encre, sur papier bleu : de plus, une Etude colorée.

GOYEN, (Jean Van) *Holl.*

34 Quatre Paysages ; Vues de Hollande, ornées de fabriques, barques, figures & animaux, à la pierre noire, sur papier blanc.

HUYSUM, (Jean Van) *Holl.*

35 Deux feuilles d'Etudes de Fruits & un Payſage ; légèrement indiqués à la plume, lavés à l'encre, ſur papier blanc.

JORDAENS, (Jacques) *Flam.*

36* Captif traîné devant le Tribunal d'un Juge près duquel une femme & des enfans, dont un careſſe un mouton, ſemblent indiquer la charité & la douceur ; la Foi, ſous la figure d'une jeune femme tenant un ciboire & un livre, ſe voit dans le fond ; ſujet emblêmatique, au biſtre & coloré. Haut. 13 pouc. 3 lign. larg. 9 pouc. 9 lign.

LOO, (P.   Van) *Holl.*

37 Deux Vaſes de fleurs placés ſur des appuis, & colorés, ſur papier blanc.

MYN, (Herman Vander) *Holl.*

38* Femme coëffée d'un chapeau noir, buſte en paſtel ; & une Etude, Portrait de jeune fille ; aux crayons noir & blanc, ſur papier bleu.

NEER, (Eglon Vander) *Holl.*

39 Un Payſage traverſé par une rivière, qu'un pâtre & une jeune fille font paſſer à gué à des moutons ; une Montagne couverte de fortereſſes, & des fabriques occupent l'autre rive, un pont s'apperçoit dans le fond du côté oppoſé ; compoſition lavée à l'encre, ſur papier blanc. Haut. 6 pouc. 10 lign. larg. 11 pouc. 3 lign.

ORLEY , (Richard Van) *Flam.*

40 L'Annonciation, la Ste. Famille, une Allégorie & une Scène de tragédie; à la plume,
lavés à l'encre & au biftre.

OSTADE, (Adrien Van) *Allem.*

41* Des Fumeurs à table, dans un intérieur
ruftique près d'une femme qui alaite fon
enfant; derrière elle un homme eft affis au
coin du feu; plus loin un jeune garçon porte
des fagots, & deux enfans jouent avec un
pot à bierre; fujet lavé à l'encre & légèrement coloré. Haut. 9 pouc larg. 11 pouc.

RADEMAKER , (Abraham) *Holl.*

42 Vuë prife fur les bords de la Meufe ; ce
fleuve bordé de fabriques , eft occupé par
des barques à voiles; des figures & animaux ornent le devant. Morceau à gouache, de 6 pouc. 5 lign. de haut, fur 10
pouc. 4 lign. de large.

43 Trois Etudes de Payfages, ornés de figures ;
à la plume , lavés à l'encre & au biftre , fur
papier blanc.

ROOS , (Henri & Jofeph) *Allem.*

44 Famille de Pâtre près d'un troupeau , & trois
Payfages occupés par des vaches, des moutons & des chèvres; à la fanguine , fur papier blanc.

SACHT-LEUEN , (Herman) *Holl.*

45 Trois Etudes de Payfages , enrichis de
ruines , fabriques , baraques & figures ; à la
plume & à la pierre noire, lavées au biftre.

SNEYDERS, (François) *Flam.*

46 Du gibier & des corbeilles de fruits, près
l'une d'elles se voyent des singes ; sujets à la
plume, lavés au bistre.

SPRANGER, (Barthelemi) *Flam.*

47 La Sainte Famille accompagnée d'anges &
de chérubins formant concert ; à la plume &
au bistre.

TER-HIMPEL, (A   ) *Holl.*

48 Un Intérieur de Camp avec cavaliers, &
quatre Paysages ornés de figures & animaux ; un des derniers est dessiné par L. de
la Hire, Peintre français. Le tout collé sur
trois cartons.

VERSCHURING, (Henri) *Holl.*

49 Un Choc de Cavalerie au pistolet ; à la plume
& à l'encre, sur papier blanc.

VERSTRAATEN, (H...   ) *Holl.*

50 Trois Paysages coupés de rivieres, & enrichis de fabriques, figures & animaux ; à
la pierre noire, à l'encre & au bistre.

VISSCHER, (Corneille de) *Holl.*

51* Le Portrait de Philippe Wouvermans,
Peintre hollandais, vu jusqu'aux genoux,
coëffé en cheveux plats, vêtu d'un manteau,
la main gauche sur sa poitrine, & la droite
sur son genou ; dessin à la mine de plomb,
sur vélin. Haut. 7 pouc. 6 lign. larg. 9 pou.
4 lign. Portrait connu par l'estampe qu'en a
gravée Nic. Dupuis.

52 Un Homme vu à mi‑corps , les mains
jointes , & une Tête de Vieille ; Etudes à la
pierre noire , fur papier blanc.

ULFT , (Jacques Vander) *Holl.*

53* La Décolation d'un Saint dans une place
publique entourée de monumens d'archi‑
tecture ; à la mine de plomb , lavé à l'encre.
Haut. 8 pouc. 6 lign. larg. 5 pouc. 6 lign.

54* Entrée d'un Prince dans une ville ; il eſt ac‑
compagné & ſuivi d'une nombreuſe ſuite ;
morceau à gouache. Haut. 7 pouc. 8 lign.
larg. 10 pouc. 5 lign.

ULIEGER , (Simon) *Holl.*

55* Deux Vues de mer , avec vaiſſeaux &
barques de pêcheurs ; à la plume & à l'encre ,
ſur papier blanc. Haut. 7 pouc. 4 lign. larg.
11 pouc.

WATERLOO , (Antoine) *Holl.*

56 Un Payſage coupé par un chemin bordé
d'arbres , & orné de figures ; à la pierre
noire , lavé à l'encre de la chine.

WEIROTTER , (Franç.‑Edmund) *All.*

57* Deux Vues des bords du Mein , ornées ſur
les devants de figures , & terminées à l'ho‑
riſon par des montagnes ; à la plume & au
biſtre , ſur papier blanc. Haut. 12 pouces ,
larg. 16 pouc.

WILKES , (Th.　　） *Holl.*

58 Un Chemin coupé dans une montagne cou‑
ronnée de fabriques ; compoſition ornée de
figures ; à l'aquarelle.

XAVERI, (Jacob) *Holl.*

59* Un Vafe de terre rempli de fleurs & placé
fur un appui en marbre ; morceau coloré.
Haut. 13 pouc. 8 lign. larg. 11 pouc. 9 lign.

ZINGG, (Antoine) *Allem.*

60* Un Payfage avec fabriques & figures ; à la
plume, lavé à l'encre fur papier blanc. Haut.
13 pouc. 8 lign. larg. 11 pouc. 9 lign.

ÉCOLE DE FRANCE.

AMAND, (Jacques-François).

61 Ananie puni de mort, un Sujet familier, &c.
à la plume & au biftre, rehauffé de blanc, &
à la fanguine.

AUBRY, (Etienne).

62 Le mariage rompu & les Adieux de la nourrice, fujets au biftre, fur papier blanc,
connus par les eftampes de Rob. Delaunay.

BAUDOUIN, (Pierre-Antoine).

63* Rofe & Colas, gouache de 11 pouc. de haut,
fur 8 pouc. 7 lign. de large ; fujet connu par
l'eftampe de J. B. Simonet.

BOISSIEU, (Jean-Jacques de) *Amateur, né à Lyon, où il réfide.*

64* Un Intérieur de Forêt où des payfans s'occupent à abattre un grand arbre ébranché ;
l'un d'eux dirige le travail & attend le fuccès de fes ordres ; une petite fille, un panier
au bras, eft près de lui ; plus loin, une

femme & un enfant précédés d'un chien, ſuivent une voiture chargée qui s'enfonce dans le bois ; ce deſſin capital, où l'on compte dix figures dont les principales portent trois pouces de proportion, eſt précieuſement exécuté à la mine de plomb, ſur vélin. Haut. 7 pouc. 9 lign. larg. 10 pouc. 7 lign.

65* Vuë de la Fontaine de l'Orſière près de Dargoire ; autre, des environs de Larbreſle, toutes deux en Lyonnois : elles ſont enrichies de figures & animaux ; lavées à l'encre mêlée de biſtre & légèrement colorées ; ſur papier roux. Haut. 11 pouc. 9 lign. larg. 16 pouc. 2 lign.

66* Un Payſage coupé par une rivière bordée d'un chemin que ſuivent des voyageurs ; à la droite du devant un homme tient ſon cheval par la bride, & ſemble parler à des payſans & à des femmes aſſis ſur un tronc d'arbre ; du côté oppoſé un ruſtre fait abreuver ſa monture, plus loin une jeune fille garde des vaches : le pendant offre un Hermitage au milieu d'un bois ; ſujets lavés à l'encre de la Chine, ſur papier blanc. Haut. 7 pouc. 4 lign. larg. 9 pouc. 8 lign.

67* Vuë Priſe ſur les bords du Rhône ; on remarque ſur ce fleuve un moulin à eau & des barques à voiles ; à la droite, des rochers & quelques fortifications, des montagnes terminent l'horiſon ; lavé à l'encre, ſur papier blanc. Haut. 3 pouc. 10 lign. larg. 5 pouc. 10 lign.

68* Vieille, vue à mi corps, la tête de trois quarts, coëffée d'un bonnet garni de dentelle; Etude à la ſanguine, ſur papier blanc. Haut. 9 pouc. 3 lign. larg 6 pouc. 9 lign.

BOUCHARDON, (Edme).

69* S.te Cécile, accompagnée d'un ange, chantant la gloire du Seigneur; précieuſement fait à la ſanguine, ſur papier blanc & de forme ronde. Diamètre 3 pouc.

70* Fêtes Lupercales en l'honneur de Pan, & Sacrifice à Palès, premières contre-épreuves; à la ſanguine. Haut, 16 pouc. larg. 22 pouc. 6 lign. Sujets connus par les eſtampes de A. C. Ph. Caylus & Etien. Feſſard.

71* Etabliſſement de la Loi Salique, au commencement du cinquième ſiècle & Couronnement de Pepin, Roi de France, l'an 754, en préſence de ſes fils & de ſa femme; à la ſanguine, ſur papier blanc. Haut. 3 pouc. 6 lign. larg. 7 pouc. 9 lign.

72 Deux Académies, ſix Etudes de figures drapées, & une de Tête de vieillard à barbe; à la ſanguine, ſur papier blanc.

BOUCHER, (François).

73 Réconciliation de Jacob & d'Eſaü; Jéſus faiſant la Pâque avec ſes Diſciples, &c. ſix deſſins à la plume & au biſtre.

74* Le Triomphe de Vénus; gouache de forme ovale. Haut. 15 pouc. larg. 11 pouc. 6 lign.

75* Vénus & les Amours; deſſin aux trois crayons mêlés de paſtels, ſur papier bleu. Haut. 14 pouc. larg. 10 pouc. 10 lign.

76 Huit Etudes; Figures académiques, Enfans
& Têtes de jeunes filles ; aux trois crayons
& au paſtel.

CARESME, (Jacques Philippe).

77* Fête en l'honneur de Pan; gouache de 8
pouc. 10 lign. de haut , ſur 11 pouc. de larg.

CASANOVA, (François).

78* Bataille près d'une ville, & Choc de Cavalerie à l'arme blanche; à la plume & au
biſtre, ſur papier blanc. Haut. 19 pouc.
larg. 32 pouc. 4 lign.

79* Déroute de Cavalerie ; ſujet d'un grand
effet, à la plume & au biſtre. Hauteur 28
pouc. 6 lign. larg. 36 pouc. Ce deſſin ſert
de pendant à celui de C. Vanloo, décrit
ſous le N. 124 du préſent Catalogue.

80 Départ de Troupes ; un trompette ſonne
le rappel, près de là des cavaliers ſe diſ-
poſent à rejoindre, d'autres accompagnent
les bagages qui s'apperçoivent ſur un pont:
le pendant offre une marche d'infanterie ;
des fantaſſins & une jeune fille aſſis au bord
d'une riviere, occupent le devant ; morceaux à gouache. Haut. 14 pouc. larg. 16.

81* Deux Payſages; l'un préſente des montagnes
couvertes de maſſes d'arbres, près de là des
pâtres & une jeune fille gardent un nombreux troupeau ; une marche de figures &
de beſtiaux occupent les devants du ſecond.
Ces compoſitions où l'on compte plus de
quarante figures & animaux, ſont lavées à
l'encre, au biſtre & au crayon blanc, ſur

papier brun. Haut. 17 pouc. 4 lign. larg.
27 pouc. 8 lign.

82* Un Berger aſſis au pied d'un monticule,
garde des vaches, des moutons & des
chêvres. Le pendant offre une jeune fille
appuyée ſur un âne, elle eſt accompagnée
de ſon chien & précédée de pluſieurs animaux; deſſins aux crayons noir & blanc, ſur
papier bleu. Haut. 18 pouc. larg. 24 pouc.
9 lign.

CHARLIER, (Jacques).

83* Triomphe de Galathée, Vénus accompagnée des Graces & des Amours; Minia-
tures ſur ivoire, d'après Fr. Boucher. Haut.
4 pouc. 9 ling. larg. 6 pouc. 9 lign.

CHATELET, (Claude Louis).

84* Vuë du Palais de Caſerte près de Naples;
deſſin à la plume & coloré, ſur papier blanc.
Haut. 19 pouc. larg. 32 pouc. 4 lign.

COCHIN fils, (Charles-Nicolas).

85* L'Enlévement des Sabines, compoſition de
plus de cent figures; à la ſanguine ſur papier blanc. Haut. 9 pouc. 8 lign. larg. 14 po.
2 lign. Ce ſujet eſt connu par la planche gravée à l'imitation du crayon, par Ther. Eléonore Hemery, femme Lingée.

DESHAYS, (Jean Baptiſte Henri).

86 Tobie donnant la ſépulture aux morts; la
Priſon de St. Pierre, & quatre Etudes de
Figures, Têtes & Payſage; au biſtre, re-
hauſſé de blanc, &c.

DELAUNE,

DELAULNE, (Etienne).

87 Allégorie ſur la piété & la juſtice ; à la plume & à l'encre, ſur vélin.

DRAHONET, ( ).

88* Vuë du Temple de la Tiburtine à Tivoli ; des figures ornent le devant de ce morceau ; peint à gouache. Hauteur 11 pouc. 9 lign. larg. 14 pouc. 8 lign.

DUMOUTIER, (Daniel).

89 Quatre Etudes de Têtes d'homme ; à la pierre noire & colorées.

DUVERGER, (P).

90 Deux Payſages, dans l'un un Pâtre & une jeune fille gardent des animaux ; le ſecond offre un Berger faiſant abreuver des vaches & des chèvres à une fontaine.

FOSSE, (Charles de la).

91 Le Maſſacre des Innocents, & la Continence de Scipion ; à la ſanguine, le premier re-hauſſé de blanc.

FRAGONARD, (Jean-Honoré).

92* L'Amour menaçant ; ce dieu eſt debout près d'un buiſſon de roſes ; morceau à l'aquarelle & de forme ovale. Haut. 15 pouc. 9 lign. larg. 12 pouc. 6 lign. ſujet connu par l'Eſ-tampe à l'imitation du lavis par Fr. Janinet.

93* Diogène ſa lanterne à la main, & entouré du peuple, cherche un homme parmi les ſpec-tateurs ; ſujet au biſtre ſur papier blanc. Haut. 10 pouc. 6 lign. larg. 13 pouc. 9 lig.

94* Des Enfans jouant avec un âne près d'une
vieille femme & d'une jeune fille, occupées
de ſoins domeſtiques, des payſans partagent
l'intérêt de cette ſcène ; le pendant offre
un Intérieur d'écurie, où eſt un taureau
blanc; faits au biſtre ſur papier blanc.

95* Intérieur d'un Jardin à l'italienne, occupé
par un eſcalier double, ſurmonté d'une
caſcade entourée de peupliers; des maſſes
d'arbres occupent le ſurplus de la compoſition, & des figures ornent le devant ; au
biſtre ſur papier blanc. Haut. 13 pouces,
larg. 18 pouc.

96* Intérieur d'un Parc; une allée terminée par
une caſcade, bordée de grandes maſſes
d'arbres, occupe le milieu : de l'architecture & des figures ornent le devant & les
plans ſuivans; deſſin au biſtre ſur papier
blanc. Haut. 13 pouc. larg. 17 pouc.

GELÉE, (Claude) *dit le Lorrain.*

97* Un Payſage coupé par une rivière, ſur le
devant un pâtre garde un troupeau & joue
du chalumeau; à la plume & au biſtre, ſur
papier blanc. Haut. 6 pouc. 10 lign. larg.
9 pouc. 10 lign. Ce payſage vient d'être
gravé à l'imitation du deſſin, par Dom. Viv.
De Non.

GREUZE, (Jean Baptiſte).

98* La Marchande de Marrons; deſſin à la plume
& au biſtre. Haut. 15 pouc. 10 lign. larg.
12 pouc. ſujet connu par l'Eſtampe de Jac.
Firm. Beauvarlet.

99 L'Ecureufe : deux Etudes, Têtes d'homme
& de femme , à la fanguine ; le premier deffin mêlé de pierre noire , eft connu par l'eftampe de Jac. Firm. Beauvarlet.

HENRIET ;(Ifrael).

100 Deux Marines ornées de barques & figures ;
plus, une Copie du Portement de Croix
d'après Jac. Callot, par S. Igny ; deffins à
la plume.

HILAIR, (Jean-Baptifte).

101* Halte des Voyageurs , près de Dourlach
dans la Carie ; à la plume & au biftre, fur
papier blanc. Haut. 8 pouc, larg. 13 pouc.
2 lign. Ce fujet connu par l'eftampe d'Hen.
Guttenberg , fait partie de ceux qui ornent
le Voyage pittorefque de la Grèce , par
Choifeul-Gouffier.

HUET , (Jean-Baptifte).

102* Vénus accompagnée des Graces & des
Amours, & une Scène de Bacchantes; fujets
colorés. Haut. 8 pouc. larg. 10 pouc. 6 l.

LA FAGE, (Raymond de).

103 Le Baptême de Notre Seigneur par S. Jean ;
J. C. entouré d'anges chargés des inftru-
mens de la Paffion , & les Tectofages bâ-
iiffant la ville d'Ancyre ; à la plume , lavés
à l'encre & au biftre , fur papier blanc.

LAGRENÉE , (Jean-Jacques de).

104* L'Adoration des Bergers ; au biftre fur
papier blanc. Haut. 7 pouc. 6 lign. larg.
9 pouc. 7 lign.

105* L'Enfant Jéſus dans les bras de la Vierge portée ſur des nuages ſoutenus par pluſieurs anges ; à ſes pieds, une reine à genoux lui préſente un ſceptre. Deſſin au biſtre. Hauteur, 14 pouc. 4 lign. larg. 20 pouc. 11 lign.

LANTARA, (Simon-Mathurin).

106* Un Orage en pleine campagne, des rochers & de grands arbres ſe détachent ſur un ciel enflâmé, & bordent une route près d'un village au pied d'une colline ; le pendant offre un Payſage au clair de lune, on y diſtingue un hameau ſur des montagnes bordées par une rivière dont la vaſte étendue termine le fond ; aux crayons noir & blanc, ſur papier gris. Haut. 13 pouces 9 lign. larg. 20 pouc. 9 lign.

107* Un Payſage en partie occupé par un village au bord d'une rivière, vu au clair de lune, & un Site des bords de la Marne, près de S. Maur ; deſſins à la pierre noire eſtompée, ſur pap. blanc. Haut. 12 pouc. larg. 16 pouc.

108* Un Clair de Lune, on y remarque un château ſur une colline coupée de caſcades, & dans le fond l'entrée d'un village ; aux crayons noir & blanc, ſur papier bleu. Haut. 10 pouc. larg. 11 pouc. 6 lign.

LA RUE, (Louis de) *Peintre.*

109 Bataille des Turcs & des Impériaux ; Marche d'infanterie, Intérieur de corps de garde où des ſoldats jouent aux cartes,

& Etudes de Têtes de cheval ; quatre deſ-
fins au biſtre, colorés, & à la ſanguine.

LA RUE, (Louis-Félix de) *Sculpteur.*

110 Huit Deſſins, Bacchanales & Jeux d'Enfans, &c. à la plume, lavés à l'encre & au
au biſtre, deux ſont ſous verre.

LE MOINE, (François).

111 Deux traits de l'Hiſtoire d'Henri III &
d'Henri IV, & une première Penſée pour
un ſujet de Plafond, aux crayons noir &
blanc, ſur papier bleu.

LE PRINCE, (Jean-Baptiſte).

112 Etudes de Payſages, & Vues dès environs
de Paris ; quatre deſſins au biſtre & aux
crayons noir & blanc.

MACHY, (Pierre-Antoine de)

113 Deux Sujets de Veſtiges d'Architecture,
ornés ſur les devants, de figures & animaux, peints à gouache. Haut. 8 pouc.
larg. 5 pouc. 8 lign.

MANGLARD, (Adrien).

114 Trois Etudes de Payſages ornés de figures ;
au biſtre & à la pierre noire, ſur pap. blanc.

NOEL, (Jean).

115* Une Marine : on y voit un rocher ſurmonté
d'une fortereſſe ; près de-là des vaiſſeaux,
des dunes & des figures, occupent le
devant, l'horizon eſt terminé par des montagnes ; Gouache de 12 pouc. 6 lign. de
haut, ſur 22 pouc. 5 lign. de large.

OUDRY, (Jean-Baptiste).

116* Combats de Tigres, contre des lions, des taureaux & des chevaux ; des payſages agreſtes terminent ces deux ſujets, faits à la plume & à l'encre, rehauſſés de blanc, ſur papier bleu. Haut. 11 pouc 9 lign. larg. 10 pouc. 4 lign.

117 Un Payſage, Site marécageux, où des Cignes ſont attaqués par des aigles ; lavé à l'encre, rehauſſé de blanc, ſur papier bleu. Hauteur 11 pouc. 9 lign. larg. 20 pouc. 4 lign.

POUSSIN, (Nicolas).

118* L'Adoration des Mages, compoſition de douze figures, ornée de veſtiges d'architecture ; à la plume & au biſtre, ſur papier blanc. Haut. 6 pouc. 6 lign. larg. 12 pouc. 6 lign.

119 Jéſus intercédé par un ſeigneur de Capharnaum, pour la guériſon de ſon fils ; à la plume & à l'encre, ſur papier blanc. Haut. 5 pouc. 3 lign. larg. 9 pouc.

PREVOST, (　　　　　).

120 Un Catakoy & deux autres Perroquets, peints ſur velin.

PUGET, (Pierre-Paul).

121 Vaiſſeau faiſant route en pleine mer, une barque à voiles & un petit bâtiment s'apperçoivent plus loin ; à la plume, lavé à l'encre de la chine, ſur vélin. Haut. 10 po. 4 lign. larg. 15 pouc. 6 lign.

ROBERT, (Hubert).

122 Vue de *Villa Madama*, des blanchiſſeuſes occupent le devant ; le pendant offre des Veſtiges antiques, on y remarque une fontaine où une jeune fille fait abreuver des animaux ; faits à l'aquarelle. Haut, 13 pou. largeur 17 pouces ; ſujets connus par les planches gravées au lavis par Fr. Janinet. Plus, deux Etudes de payſage & ruine, à la ſanguine.

VANLOO, (Carle).

123 Les trois Maries prêtes à recevoir le corps de N. Seigneur qu'on deſcend de la croix ; la ville de Jéruſalem s'apperçoit dans le fond ; compoſition de ſept figures de 9 pouces de proportion, à la plume & au biſtre, ſur papier blanc. Haut. 20 pouc. larg. 14 pouc. 3 lign. ; P. Fr. Charpentier a gravé ce ſujet à l'imitation du lavis.

124* Une Mêlée d'infanterie & de cavalerie ; au biſtre ſur papier blanc. Haut. 28 pouc. 6 lign. larg 36 pouc. Ce ſujet connu par l'eſtampe de L. Binet, ſert de pendant au deſſin de Fr. Caſanova, décrit ſous le N. 79 du préſent Catalogue.

VERNET, (Joſeph).

125 Un Payſage traverſé par une rivière, près de laquelle eſt un pêcheur & une jeune femme ; des rochers & des maſſes d'arbres bordent la rive droite : une fortereſſe ſe voit du côté oppoſé, & des montagnes terminent le fond ; à la pierre noire, lavé à l'encre. H. 8 po. 8 l. lar. 13 po. 10 l.

DESSINS
DE DIFFÉRENTES ÉCOLES.

126 Rebecca & Eliezer, la Peste dans la ville de Naples en 1656, plusieurs sujets allégoriques & Etudes, par Jac. Farelli, Séb. Galéotti, L. Geminiani, &c. huit dessins.

127 Treize Compositions de Sujets & Paysages ; par Lanfranchi, le Giorgione, Grimaldi & Matteis ; l'Adoration des Bergers, dessin à l'encre rehaussé de blanc, &c.

128 Huit Dessins, Sujets sacrés & profanes ; par Mazzuoli, Passari, Passignani & autres.

129 Sept Sujets historiques & allégoriques, & Bas-reliefs, par Piazetta, Piola, Poccetti & Polidoro.

130 Deux Sujets de l'Histoire Sacrée, par le Pomerancio & Pordenone; autres attribués au Primaticcio & à Raffaello Sanctio d'Urbino, six dessins.

131 Neuf Etudes de Sujets & Paysages, par Reni, Ricci, Simonini, Tempesta, Tiepolo & autres.

132 La Sainte Famille, par Paolo Cal. Veronèse; quatre autres Dessins par Van Vitelli, Zelotti & Zuccheri.

133 Ulysse & Circé, trois Etudes de Paysages & une Vue de Leyde, par Beyer, Both, Boudewyns & de Bray.

134 Douze Etudes de Sujets, Figures & Paysages; par Breenberg, Breughel, Campen, Carré, &c.

135 Treize Etudes de Sujets & Payſages ; par
     De Wit, Duncker, Élias, Ermels, Ever-
     dingen & autres.

136 Loth & ſes Filles, le Sacrifice de Jephté,
     diverſes Etudes de Payſages, &c. par de
     Gheyn, Grevenbroeck, Hackert, De
     Harn, de Heus & Hoet, huit deſſins.

137 Huit Sujets & Payſages, par Hoog-Straa-
     ten, Kobell, Maas, Mieris, &c.

138 Quatorze autres, la plupart par Netsch,
     Rembrandt, Rubens, Rode & Stradan.

139 Treize Gouaches & Deſſins, Vues, Pay-
     ſages, &c. par Van Romyn, Thiele, Van
     Uden, Wael, Wagner, Weirotter, Wicart
     & Wocher ; deux ſont ſous verre.

140 Onze Sujets & Payſages ; par Bachelier,
     Le Barbier, Dandré-Bardon, Baſan &
     Beaufort ; deux à gouache ſont ſous verre.

141 Dix Deſſins, Sujets allégoriques, Etudes
     de Figures & de Payſages ; par Bénard,
     Bruni, (de la Tour d'Aigues), Cazes,
     Choffard, Cochin fils, Colin de Vermont,
     &c. un eſt ſous verre.

142 Huit Etudes de Sujets & Payſages ; par J.
     Couſin, Daſſonneville, Desfriches, De-
     tours, De Wailly & Dumont-le-Romain.

143 Onze Deſſins, Sujets & Payſages ; par
     Durameau, Eiſen, Flipart, (ceux de ce
     dernier d'après Boucher & Greuze), Fra-
     gonard, autre attribué à Cl. Gelée, dit Le
     Lorrain ; deux ſont ſous verre.

144 Deux Bacchanales ; par Gillot, & cinq
     Etudes, par Gois, Hallé & Huet.

145 Seize Etudes de Sujets & Projets d'archi-
tecture ; par G. Huret, Jaillier, Jeaurat,
Julliard, Lagrenée, La Hire, Lalleman,
Lavallé-Pouſſin , Le Brun & Loir.

146 Neuf Etudes de Sujets, Têtes & Payſages;
par Lund, Mellan , Millet , Moitte &
Monnet.

147* Quatre Payſages enrichis de Ruines & ornés de figures & d'animaux ; peints à gouaches par Moreau ainé & jeune.

148 Douze Deſſins, Sujets, Batailles, Payſages & Etudes ; par Natoire, Norblin,
Parrocel & Patel; un eſt ſous verre.

149 Six Deſſins, Ruines & Monumens d'architecture ; colorés par F. Perlin & Pernet.

150* Deux Etudes de Fleurs ; à gouaches par
Perignon.

151 Dix-ſept Etudes de Sujets, Portraits,
Payſages & Fleurs; par Pillement, Pierre,
les Poilly, Sᵗ. Quentin, Reſtout, Rigaud,
&c.

152* Titre d'Antiquités romaines; Deſſin lavé à
l'encre, ſur papier blanc; par Bern. Picart.

153 Deux Payſages par Sarrazin , & ſept
Etudes de Sujets, Figures & Têtes; par
Teſtelin, C. Vanloo & Verdier.

154 Deux Groupes de Fleurs colorées, ſur
papier blanc; par Vidal.

155 Neuf Etudes de Figures & Payſages ;
par Watelet, Watteau & Wille père & fils.

DESSINS EN VOLUMES.

156 Recueil de quarante-deux Deffins; Etudes de Sujets, Portraits, Payfages & Architecture ; par le Bernino, Brakenburg, de Gheyn, Kierings, Rode, Stradan, Teniers, Van Campen, Van Laer, Van Orley, Ant. Dieu, Eifen, le Bourguignon, Lépicié, Moreau, Parrocel, Vien, &c. in-8. mar. r.

157 Recueil de cent foixante-fix Deffins; Sujets de l'ancien & du nouveau Teftament, Jeux d'enfans, Portraits & Etudes de figures ; par Cl. Bouf. Stella, Hallé père, & Ch. Nic. Cochin fils ; (la plupart de ceux du dernier ne font que des contre-épreuves); in-4. mar. r.

158 Recueil de cent cinquante Etudes de Sujets, Figures nues & drapées, Pieds, Mains, Portraits, &c. deffins & contre-épreuves ; par Ch. Nic. Cochin fils; 2 vol. pet. in-fol. mar. r.

159 Recueil de trente-deux Sujets, pour les Œuvres de Berquin; par Clem. P. Marillier. Plufieurs épreuves d'Eftampes des mêmes fujets; autres, pour le Gefner, &c. en tout foixante-douze morceaux ; 1 vol. in-8. mar. r.

160 Recueil de cent treize Vues de Palais, Eglifes, Prifons, Marchés, Salles de fpectacles, Barrières & autres monumens publics & particuliers de la ville de Paris,

par A. Fr. Sergent, A. M. Teſtard & Pernet; & cent onze Eſtampes au lavis d'après ces deſſins par Campion, Roger & Guyot; 1. vol. petit in-fol. mar. r.

161 Recueil de Deſſins, détails d'Architecture; la plupart par Desbœufs & Moreau, Architectes; autres, d'Ornemens, Meubles, Serrureries, &c. 1 vol. in-fol. cart.

ESTAMPES EN FEUILLES,

ÉCOLE D'ITALIE.

ALLEGRI, (Antonio) *dit le Correge, né à Correggio en 1494, mort dans la même ville en 1534.*

162 La Vierge préſentant le ſein à l'Enfant Jéſus, auquel S. Jean offre des fruits; la Vierge & l'Enfant Jéſus accompagnés de la Madeleine & de S. Jérôme; la première pièce par Fr. Spierre, la ſeconde par Agoſ. Carracci.

163 La Vierge au Lapin, dite la *Zingara*, pièce en manière noire; par R. Earlom, épr. avant la lettre.

164 L'Amour déſarmé, morceau en hauteur; par C. Guerin, épr. avant la lettre.

165 Vénus ſur les Eaux, ſujet en manière noire, par J. Smyth; & la Pièce dite l'Antiquaire; par Corn. Viſſcher, N. 30 (1),

---

(1) Voyez pour ce Nº. & ceux placés à la ſuite des Pieces gravées par Corneille Viſſcher, le Catalogue de l'Œuvre de ce Maitre, fait par R. Hecquet Graveur; Paris 1751, édit. in- 12.

morceau de la suite du Cabinet de Reynts.

AMICONI, (Giacomo) *né à Venife*
en 1665, mort à Madrid en 1752.

166 Diane & fes Nymphes au Bain ; par Vict.
Mar. Picot, épr. imprimée en rouge &
avant la draperie.

BANDINELLI, (Bartolomeo Baccio)
né à Florence en 1487, mort dans la
même ville en 1559.

167 Le Maffacre des Innocents & le Martyre
de S. Laurent ; par Marc. Antonio Raimondi & Marco da Ravenna.

BARBIERI, (Giovanni Francefco)
dit le Guerchin, né à Cento en 1590,
mort à Bologne en 1666.

168 Jofeph vendu par fes frères ; la Robe fan-
glante de Jofeph préfentée à Jacob ; &
Jofeph recevant fes frères en Egypte ;
pièces en manière noire, par J. Murphy &
J. Dunkarton, épr. avant la lettre.

169 Une double Epreuve du fujet où l'on préfente à Jacob la robe de fon fils ; celle-ci
eft avec la lettte.

170 Le Chrift mort pleuré par des anges, &
S. Pierre reffufcitant Tabite, veuve de la
ville de Joppé ; la première par Nic. Pitau,
l'autre par Corn. Bloemaert.

BAROCCI, (Federico) *dit le Ba-*
roche, ne à Urbin en 1528, mort
dans la même ville en 1612.

171 L'Annonciation & l'Extafe de S. François ;

morceaux compoſés & gravés à l'eau-forte par Barocci ; le ſecond ſujet eſt ceintré.

172 Sainte Famille, (dite à l'Ecuelle) Vocation de S. Pierre, Deſcente de croix , Chriſt porté au tombeau , N. S. apparoiſſant à la Madeleine, & Énée ſortant de Troye ; par Corn. Cort, Gil. Sadeler, Fr. Villamena & Agos. Carracci.

BARTOLOMEO, di S. Marco, (Fra) *ou Baccio dalla Porta , né à Sevignano en* 1469, *mort à Florence en* 1517.

173 La Vierge & l'Enfant Jéſus accompagnés de deux Anges ; par Gio Volpato.

BATTONI, (Jeronimo Pompeo) *né à Lucques.*

174 Vénus careſſant l'Amour, par Car. Porporati ; épreuve avant la lettre.

175 Deux épreuves de la même Eſtampe , avec la lettre.

176 Cléopâtre montrant à Auguſte , le Buſte de Jules Céſar ; par L. Quirin. Marck.

BISCAINO , (Bartolomeo) *né à Génes en* 1613, *mort dans la même ville en* 1657.

177 La Nativité , S. Joſeph qui careſſe l'Enfant Jéſus , &c. compoſés & gravés par ce maître, (le premier ſujet n'eſt que contre-épreuve).

BERETTINI da Cortona, (Pietro)
*né à Cortone en 1596, mort à Rome
en 1669.*

178 Sacrifice à Diane, celui de Polixène &
l'Enlévement des Sabines, gravées par P.
Aquila, &c. six piéces.

BERNINO, (Giovanni Lorenzo) *né
à Naples en 1598, mort en 1680.*

179 La Multiplication des Pains, un Christ sur
une mer de sang formée par celui qui
coule de ses plaies, & la Prédication de
S. Jean, par Fr. Spierre. Le second sujet
est avant les têtes de chérubins ; de plus,
un Sujet allégorique sur les quarante Martyrs de la Société de Jésus ; ce dernier
morceau composé & gravé par Fr. Spierre.

CALIARI, ou **CAGLIARI**, (Paolo)
*di Veronèse, né à Vérone en 1532,
mort à Venise en 1588.*

180 Intérieur d'une partie de la Galerie de
l'archiduc Leopold ; on distingue, dans
le haut, sept Portraits d'après Allegri,
Giorgio, Tiziano & Robusti ; le tableau
représentant la reine de Saba visitant Salomon, est posé sur le parquet, & occupe
la plus grande partie de la composition, *P.
Veronèse pinxit* se lit au bas de ce sujet ;
un rideau cache la droite de la bordure ;
on remarque, du côté opposé de l'estampe,
une chaise sur laquelle paroît appuyé un
autre tableau, dont on n'apperçoit que partie de la bordure & de son rideau ; le plan-

cher de la galerie ſe voit dans l'intervalle ; ce morceau gravé par Venceſ. Hollar, porte entre le trait quarré du ſujet, 18 pouc. de haut, & 20 pouc. 8 lign. de large : on a joint à cette pièce très-rare, celle ordinairement placée dans la ſuite dite le Cabinet de l'archiduc Leopold, gravée ſous la direction de D. Teniers ; elle n'offre plus que le ſujet de la reine de Saba, le ſurplus ayant été ſupprimé pour donner une nouvelle forme à cette planche & la faire entrer dans l'édition.

181 La Sainte Famille & S. Jean ſur un pied-deſtal, S. Antoine & Ste. Catherine ſe voyent au bas ; le mariage de Ste. Catherine, un concert d'anges & de chérubins occupent le haut de la compoſition ; Pièces gravées par Agos. Carracci.

182 Jupiter & Léda, & Vénus déſarmant l'Amour, par Aug. de S. Aubin & P. Vitali ; épr. avant la lettre.

CARRACCI, (Agoſtino) *né à Bologne en* 1557, *mort à Parme en* 1602.

183 S. Jérôme en priere, Orphée & Euridice, le Comédien, &c. compoſés & gravés par ce maître ; l'Amour corrigé par Minerve, d'après lui, par Corn. Galle ; neuf morceaux.

CARRACCI, (Annibale) *né à Bologne en* 1560, *mort à Rome en* 1609.

184 Suſanne ſurpriſe par les Vieillards, le Couronnement d'Epines, la Sainte Famille, Sainte

Ste. Claire & la Vierge dite à l'Ecuelle ; morceaux composés & gravés à l'eau forte par ce maître. Le premier sujet est double avant & avec la lettre.

185   La Vierge près de son Fils endormi, faisant observer le silence au jeune S. Jean ; par Elie Heinzelman, d'après le tableau qui se voit au Muséum de Paris. Morceau connu sous le titre du Silence.

186   La Sainte Famille où S. Joseph tient une paire de lunettes à la main, dite la Sainte Famille aux lunettes ; le Christ mort, appuyé sur les genoux de la Vierge, & les trois Maries au tombeau de N. S. par Corn. Bloemaert, J. Smyth & J. L. Roullet ; le second sujet est en manière noire.

187   N. S. & la Samaritaine, S. François aux pieds de la Vierge, l'Enfant Jésus dans ses bras, S. Jérôme & S. Christophe ; les premiers sujets composés & gravés par Ann. Carracci, le dernier par Hor. Borgiani.

188   L'Aumône de S. Roch, morceau gravé à l'eau forte par Guido Reni, en 1610 ; épr. avant & avec la lettre, trois copies de ce sujet, l'une d'elles par Nic. Cochin.

189   Clytie châtiant l'Amour, en le déchirant avec des épines ; par Fr. Bartolozzi.

CASTIGLIONE, (Giovan. Bened.)
*dit le Benedette, né à Gênes en 1616,
mort à Mantoue en 1670.*

190   Soixante-six Sujets sacrés & profanes & Etudes de Têtes, composés & gravés à l'eau forte par ce peintre, & d'après lui ;

par P. Aveline & Fr. Bartolozzi ; celles de
ce dernier sont imprimées au bistre.

CAZALI, (Andrea) *Vénitien.*

191   Sophonisbe & Gunhilda, pièces gravées
par Sim. Franç. Ravenet ; l'une est avant
la lettre, l'autre imprimée sur papier de
soie.

CIGNANI, (Carlo) *né à Bologne
en 1628, mort à Sorli en 1719.*

192   Adam & Eve, grande pièce en hauteur,
par J. Massard ; épreuve avant la lettre.

CIPRIANI, (Giovanni Batista) *né à
Florence.*

193   Cephale & Procris, Angélique & Medor ;
la Composition, l'Etude & la Nymphe en-
dormie, par Th. Burke, Rob. Sam. Marcuard, & P. Bettelini ; plusieurs des autres
par J. Newton, R. Réad, & J. K. Sherwin ; douze pièces imprimées en couleur.

194   Le Diplôme par W. W. Ryland, deux épr.
avant & avec la lettre, & cinq sujets doubles de l'article précédent ; sept Estampes imprimées en rouge.

DUGHET, (Gasparo) *surnommé le
Poussin, né à Rome en 1613, mort
dans la même ville en 1675.*

195   Vue d'une partie du Lac de Trasimene, par
J. Mathieu.

FERRI, (Ciro) *né à Rome en 1634,
mort dans la même ville en 1689.*

196   Le Frappement du Rocher, & le Mariage

de S^{te}. Catherine, par P. Aquila & Ch. de la Haye ; neuf autres morceaux, sujets sacrés & allégoriques ; par Fr. Spierre, &c. treize pièces.

GIORDANO, (Luca) *né à Naples en 1632, mort dans la même ville en 1705.*

197 Vénus, l'Amour & un Satyre, (épr. doubles avant & avec la draperie), le Jugement de Pâris, l'Enlèvement d'Europe & celui des Sabines, par J. Smyth & Jac. Firm. Beauvarlet ; le premier sujet est en manière noire, les deux suivans sont avant la lettre ; dix pièces.

JACOBUS, (Florentinus) *mort en 1553.*

198 Naissance de S^t. Jean Baptiste, par Giul. Bonasoni.

LAURI, (Filippo) *né à Rome en 1623, mort dans la même ville en 1694.*

199 Diane & Actéon, par W. Woollett ; & un Paysage, par Jam. Masson ; la première est avant la lettre & sur papier de soie.

LEONE, (Guglielmo di) *né à Parme en 1664.*

200 Vingt pièces, Paysages & Animaux, composés & gravés à l'eau forte, par cet artiste.

LONDONIO, (Francesco) *né à Milan en 1723.*

201 Soixante-cinq pièces , suites de Paysages & Cahiers d'animaux, à l'eau forte par ce maître ; plusieurs sont doubles & imprimées sur papier bleu rehaussées de blanc.

MARATTI, (Carlo).

202 L'Adoration des Anges, pièce en manière noire, par J. Smyth ; trois autres par J. Jac. Frey & Rob. Van Auden-Aerd , &c.

MOLA, (Pietro Francesco) *né à Coldore dans le Milanois en 1621, mort à Rome en 1666.*

203 Joseph reconnoissant ses frères, & l'Adoration des Anges ; Eaux fortes, par cet artiste ; la première est avant toutes lettres, on l'attribue pour la gravure à Car. Maratti.

204 L'Hermite, pièce en manière noire, par Val. Green, deux épr. avant & avec la lettre.

MURILLIO, (Bartolommeo Stefano) *né à Pilas près de Seville en 1613, mort dans la même ville en 1682.*

205 La Vierge portée sur un croissant par un groupe d'anges, St. Antoine & l'Enfant Jésus, le jeune St. Jean ; pièces en manière noire, par J. Mac. Ardell, J. Dean & Val. Green ; la première & la dernière sont sans lettre.

206 Saint François de Paule , pièce en manière

noire par J. Mac. Ardell; trois épr. deux
font avant la lettre & avec différences.

MAZZUOLI, (Francesco) *dit le Par-
mesan, né à Parme en 1504, mort
dans la même ville en 1540.*

207 Cinquante pièces, Sujets sacrés & profanes, composés & gravés par ce maître,
& d'après lui par Luc. Vorsterman, J. &
Gil. Sadeler & autres.

208 La Ste. Famille accompagnée de Ste. Anne
& de St. Jean, la Vierge tenant l'Enfant
Jésus auquel St. Jean présente un mouton,
deux anges sont près d'eux, par Corn. Bloemaert & Ch. Philips; celle du dernier est
avant la lettre & exécutée en manière noire;
plus, une pièce composée & gravée à
l'eau forte par Palma; S. Jérôme en méditation, d'après le même, par H. Goltzius.

PIPPI, (Giulio) *dit Jules Romain,
né à Rome en 1494, mort à Mantoue
en 1546.*

209 Dix-sept Sujets sacrés, fabuleux & historiques, par Silvestro da Ravenna, Giul.
Bonasoni, Gior. Ghisi Mantovano & sa
sœur, &c.

PIRANESI, (Giovanni Batista) *né
à Venise en 1682, mort dans la
même ville en 1754.*

210 Quarante-six pièces, Vues de Rome, Intérieurs de Prisons & Fantaisies, composées & gravées à l'eau forte par cet artiste.

RAFFAELLO, *voyez* Sanctio.

RENI, (Guido) *dit le Guide, né à Bologne en 1575, mort dans la même ville en 1642.*

211 La Nativité & la Vierge, dite la Couſeuſe, par Franc. de Poilly & Ger. Edelinck ; quatre autres Pièces par J. Jac. Frey & Gab. Scorodoumoff, en tout ſix morceaux ; le premier Sujet eſt gravé dans une bordure de forme octogone.

212 Huit pièces ; la Vierge les mains croiſées ſur ſa poitrine, la Vierge & l'Enfant Jéſus, S. Pierre en priſon, S. Michel téraſſant le Démon, par Franç. de Poilly, J. Jac. Frey, &c. pluſieurs ſont avant la lettre.

213 Les Pères de l'Egliſe en méditation ; la Vierge ſe voit dans le haut de la compoſition, par Will. Sharp, épr. avant la lettre.

214 Pluton & Neptune préſentant leur couronne à Jupiter, allégorie compoſée & gravée à l'eau forte, par le Guide, deux épr. avec différences ; Pyrame & Tiſbé, & les Couſeuſes, d'après lui, par Vinc. Vangéliſti & Jac. Firm. Beauvarlet.

RIBERA, (Giuſeppe) *dit l'Eſpagnolet, né à Xativa en Eſpagne, l'an 1589, mort à Naples en 1656.*

215 S. Pierre pleurant ſes péchés, S. Jérôme pénitent, Bacchus, ou plutôt Siléne enivré par des Satyres ; morceaux compoſés & gravés à l'eau forte par ce maître. Le

dernier est double, avant & avec la dédicace
à *don Gioseppe Balsamo* : plus, une copie
de cette pièce ; mais en contre-partie.

216 Principes du Dessin, Eaux fortes du même ;
Le Christ mort, d'après lui, par Dom.
Cunego, &c. dix morceaux.

ROSA, (Salvatore) *ou Salvatoriello,*
né à Renella, près de Naples, en
1615, *mort à Rome en* 1675.

217 La Chûte des Géants, Platon discourant
avec ses disciples, Démocrite méditant,
Alexandre visitant Diogène, le même chez
Apelles, &c. treize morceaux composés & gravés à l'eau forte par cet artiste.

SALVIATI, (Francesco, Cecco ou)
né à Florence en 1510, *mort à Rome*
en 1563.

218 Vénus & l'Amour, pièce en manière noire,
par Ch. Philips, épr. avant la lettre.

SANCTIO d'Urbino, (Raffaello) *né*
à Urbin en 1483, *mort dans le même*
lieu en 1520.

Morceaux gravés par Marc. Antonio Raimondi.

219 Dieu apparoissant à Abraham, Joseph &
Putiphar, David tuant Goliath, la Reine
de Saba visitant Salomon, & la pièce dite
la petite Peste.

220 Le Massacre des Innocents, (original &
copie,) & la Sainte Famille accompagnée
du jeune S. Jean, dite la Vierge à la
la longue Cuille).

C 4

Suite des Pièces d'après Raffaello.
Par Marc. Ant. Raimondi.

221 La Madeleine aux pieds de Notre Seigneur chez Simon le Pharisien, & la Cêne, (cette seconde est double, originale & copie).

222 Jésus dans sa gloire assis entre la Vierge & S. Jean-Baptiste ; S. Paul & Sainte Catherine se voyent dans le bas, (original & copie,) S. Paul prêchant devant une foule de peuple assemblé, (deux Epreuves,) & le Martyre de Sainte Félicité.

223 Mars & Vénus, le Triomphe de Galathée ; ce second sujet, d'après le tableau peint au petit Farnèse, est doub'e, (original & copie,) & le *Quos Ego*, ou Neptune appaisant la tempête qu'Eole avoit excitée contre la flotte d'Enée ; composition entourée de neuf sujets de la vie de ce héros.

224 Alexandre faisant remettre dans la cassette de Darius, les livres d'Homère, (original & copie).

225 L'empereur Trajan debout au milieu de la Ville de Rome & de la Victoire qui le couronne de laurier, pendant que des soldats achevent de vaincre les Daces ; d'après un bas-relief de l'Arc de Constantin.

226 Un Empereur & des Guerriers à la porte d'une ville ; morceau en hauteur, portant la marque A. V. Agostino Véneziano.

227 Vingt-cinq Pièces, Sujets historiques & fabuleux, Jeux d'enfants, Statues & ornements, par le même Graveur, Silv. da Ravenna, Giul. Bonasoni, Gior. Ghisi, Mantvano, & autres maîtres anciens.

228 La Sainte Famille, la Vierge au Berceau, celle dite au Linge; autre avec le titre *Dilectus meus*, par J. Jac. Frey, Eti. Kirkall, Franc. de Poilly, J. Morin, &c. La Vierge, dite au Linge eſt avant la contretaille, ſix pièces.

229 La Priſon de S. Pierre, la Diſpute du S. Sacrement, le Miracle de la Meſſe à Bolſene, Héliodore chaſſé du Temple, Attila, le Parnaſſe, l'Ecole d'Athènes & l'Incendie du Bourg, par Gio. Volpato & Raff. Morghen, épr. avant la lettre.

ROBUSTI, (Jacopo) *dit le Tintoret, né à Veniſe en* 1513, *mort dans la même ville en* 1594.

230 L'Apparition de la Vierge à S. Jérôme; S. Antoine tourmenté par les Diables féminins, le Père Eternel ſe voit dans le haut de cette dernière compoſition; Mercure & les Graces, & le Dieu de la Guerre chaſſé par la Paix, l'Abondance & la Sageſſe, gravés par Agoſt. Carracci.

TESTA, (Pietro) *né à Lucques en* 1611, *mort à Rome en* 1649.

231 Douze Sujets ſacrés & profanes, Allégories, &c. compoſés & gravés à l'eau forte par ce maître.

TURCO, (Aleſſandro) *ou l'Orbetto, dit Véroneſe, né à Vérone en* 1600, *mort à Rome en* 1670.

232 Pſyché & l'Amour, pièce en manière noire, par J. Smyth, épr. avant la draperie.

VANNI, (Francesco) *né à Sienne en 1563, mort dans la même ville en 1609.*

233 Saint François en extase tenant un Crucifix , un Ange sur les nuées joue du violon, par Agost. Carracci.

VECCELLIO, da Cadore (Tiziano) *dit le Titien, né à Cadore dans le Frioul en 1477, mort à Venise en 1576.*

234 Le Christ présenté au Peuple, & le Paradis, par Vencef. Hollar & Corn. Cort.

235 Les Amours des Dieux, neuf sujets en manière noire, par J. Smyth; le Titre au burin, par Geor. Vertue, dix morceaux.

236 Vénus & Danaë, par Rob. Strange; les Copies des mêmes sujets, par J. Jac Avril, & une composition différente de Danaë, par les Facius.

VILLAMENA, (Francesco) *né à Assise en 1566, mort à Rome en 1626.*

237 Deux Pièces, celle dite les Gourmeurs, & un Trait de l'Histoire d'Espagne, composés & gravés par ce maître.

ZUCCHI, (A.   ).

238 Mort de S. Julien au Couvent de la Trappe; & Pendant, par Fr. Haward, épr. en couleur & avant la lettre.

ÉCOLES

DE FLANDRE, DE HOLLANDE,

D'ALLEMAGNE, &c.

ABERLI, (Jean Louis) *né à Win-*
terthure en 1723.

239 Vues de la Suiſſe deſſinées & gravées au
lavis par ce maître, & d'après lui par
B. A. Dunker, C. G. Guttenberg & Mat.
Pfeninguer; autres deſſinées & gravées par
B. A. Dunker & Lionard Trippel, qua-
torze pièces imprimées en couleur.

BERGHEM, (Nicolas) *né à Harlem*
en 1624, *mort dans la même ville*
en 1683.

240 Le Bal, ſujet en hauteur, compoſition de
quinze figures; la ſcène ſe paſſe dans un
intérieur ruſtique, pièce par J. Viſſcher.

241 Ancien Port de Génes, Rachat de l'Eſ-
clave, grande Chaſſe au Cerf, pleine Vendange, le Matin, & le Soir, &c. par Jac.
Aliamet, Rob. Daudet & Franç. Dequevauvillier, épr. avant la lettre, neuf pièces.

BERNARD, (Théodore) *ou Barent-*
ſen, né à Amſterdam en 1520, *mort*
dans ſa patrie en 1592.

242 Daniel dans la Foſſe aux Lions, les Hommes ſurpris dans leurs diſſolutions par le
Déluge, & l'arrivée de N. S. à la fin du

monde; le premier sujet par Jac. de Ghyn, les deux autres par J. Sadeler.

BLOEMAERT, (Abraham) *né à Gorcum en 1567, mort à Utrecht en 1647.*

243 Six sujets de l'Histoire d'Adam, l'Enfant Prodigue, l'Annonce aux Bergers, la Nativité, la Résurrection du Lazare, par J. Saenredam & J. Muller ; autres par Corn. Bloemaert, Jac. de Ghyn ; vingt-quatre morceaux.

244 Cerès, Vénus & Bacchus, l'Amour & Psyché, le Joueur de Rompo & de Musette, les Musiciens, le Nid d'Oiseaux, le Chat, le Hibou, les Elémens ; différentes suites d'Etudes, de Figures & Paysages, par J. Saenredam, Jac. Matham, Corn. Bloemaert & autres ; soixante-cinq pièces.

BOL, (Ferdinand) *né à Dordrecht vers 1620, mort dans sa Patrie en 1681.*

245 Saint Jérôme assis dans une Caverne, un Crucifix à la main ; cinq autres Pièces composées & gravées à l'eau forte, par ce maître ; plus un Sujet en manière noire d'après lui, par J. God. Haid ; le premier morceau est cintré, & le dernier avant la lettre.

BOTH, (André & J. Both) *frères, nés à Utrecht, morts dans la même ville en 1650.*

246 Les Sens, & une suite de Paysages,

compofés & gravés à l'eau forte par ces
maîtres ; quinze pièces.

BRAUWER, (Adrien) *né à Harlem
en 1608, mort à Anvers en 1640.*

247 Tabagie avec Joueur de violon, le Chirurgien de village, Scènes bachiques,
Etudes de Figures, &c. Les deux premiers
Sujets par Corn. Viffcher, N. 26 & 29,
les autres par J. Viffcher , Luc. Vorfterman , &c. fix pièces.

BRÉENBERG, (Bartholomé) *né à
Utrecht vers 1620, mort en 1660.*

248 Jofeph adminiftrant les biens de l'Egypte,
& le Martyre de S. Laurent ; par J. de
Biffchop , & deux Ruines , petites pièces à
l'eau forte par Bréenberg.

BRIL , (Paul) *né à Anvers en 1556,
mort à Rome en 1626.*

249 Les Mois de l'année, en fix grandes Pièces,
par Gil. Sadeler, &c. dix pièces.

BRY, (Théodore de) *né à Liége en
1528.*

250 L'Age d'or, fête en l'honneur de Bacchus ;
le Petit Bain de Diane, la Fontaine de
Jouvence, la Foire de village, le *Benedicite* , &c. vingt-quatre pièces gravées par
cet artifte ; les cinq premiers Sujets d'après
Giul. Pippi, Abr. Bloemaert, Jof. Heintz,
& Seb. Beham ; le furplus fur fes compofitions.

D'ETRICY, (Chriſtian William Erneſt) *né à Weymar en* 1712, *mort à
Dreſde en* 1774.

251 Cinquante-neuf Morceaux, Sujets de l'Hiſtoire ſacrée & profane, Bambochades,
Payſages, & Etudes de têtes & animaux,
compoſés & gravés à l'eau forte par ce
maître.

252 Agar répudiée, la Fuite en Egypte, &
Notre Seigneur à la Piſcine, par J. Jac.
Le Veau, J. Franç. Rouſſeau, & J. Jac.
Flipart ; épreuves avant la lettre, celle du
dernier eſt double, avant & avec la lettre :
ſix pièces.

253 Dix Payſages, par P. Benazech, Nic. Delaunay, Rob. Daudet, Henr. Guttenberg,
L. Joſ. Maſquelier & A. Zingg, épreuves
avant la lettre ; Ruines romaines, &c.

DUJARDIN, (Karel) *né vers* 1620,
mort à Veniſe en 1678.

254 Suite de Payſages & Animaux, à l'eau
forte, en cinquante-deux pièces, par Dujardin ; ſept autres morceaux d'après lui,
la plupart par Jac. Ph. Le Bas.

DUSART, (Corneille) *né à Harlem
en* 1665, *mort en* 1704.

255 The Jocund Peaſants E. the Cottagers, par
W. Woollett.

DYCK, (Antoine Van) *né à Anvers
en* 1599, *mort à Londres en* 1641.

256 Dalila livre Samſon aux Philiſtins, Moyſe

fauvé des eaux, Jéſus arrêté au jardin des Oliviers, &c. par Henr. Snyers, J. Mac. Ardell, P. Soutman & autres ; le ſecond ſujet eſt en manière noire & double d'épr. avant & avec la lettre : onze pièces.

257 Le Couronnement d'Epines, un bourreau préſente un roſeau au Sauveur, d'autres, dériſoirement, le ſaluent roi des Juifs. Ce morceau, l'un des chef-d'œuvre de la gravure, eſt exécuté par Sch. a Bolſwert, deux pièces, épreuve & contre-épreuve.

258 Jéſus Chriſt inſulté par un de ſes bourreaux qui lui préſente un roſeau, Sujet de demi-figures, compoſé & gravé à l'eau forte par Ant. Van Dyck, épr. avant les mots *aqua forti* ; morceau connu ſous le titre du Chriſt au Roſeau.

259 Des Bourreaux élevant la croix ſur laquelle Notre Seigneur eſt attaché ; S. Dominique & Sainte Catherine, près de Jéſus crucifié, Notre Seigneur accompagné des Saintes Femmes, de S. Jean & de S. François ; les Anges recueillant dans des calices, le ſang de Jéſus en croix ; par Sch. a Bolſwert, R. Lawrie, & J. Smyth ; celles des deux derniers ſont en manière noire : cinq pièces. Le premier ſujet eſt avant la jambe gauche du cheval d'un cavalier, croiſée ſur l'autre.

260 Jéſus en croix recommande ſa mère à ſon diſciple bien-aimé, par Sch. a Bolſwert (deux épreuves, l'une avant la main de S. Jean poſée ſur l'épaule de la Vierge, l'autre

Suite des Pièces d'après Van Dyck.

avec cette main supprimée ;) morceau connu sous le titre du Christ à l'Eponge.

261   Des Anges pleurant près du corps mort de Jésus étendu sur les genoux de la Vierge ; par Luc. Vorsterman, épr. avant le nom de Bon Enfant, éditeur.

262   La Vierge, la Madeleine & S. Jean près du corps de N. S. placé à l'entrée du Sépulchre ; deux compositions différentes du Christ mort, adoré par des anges, gravées par P. Pontius, Sch. a Bolswert, & Fran. V. Wyngaerde, autres Sujets du même genre, par Luc. Vorsterman, &c. sept pièces.

263   La Vierge près de laquelle des anges dansent pour amuser l'Enfant Jésus qu'elle tient dans ses bras, S. Joseph est près de là ; Sainte Famille où Jésus dort sur le sein de sa mère ; Jésus couché sur les genoux de la Vierge, adoré par une Sainte, compositions terminées par du Paysage, gravées par Sch. a Bolswert ; le dernier sujet double, exécuté de sens opposé & dans un ovale, par A. Bloteling ; cette dernière pièce est avant les armes & le titre, la première est connue sous le titre de la Vierge à la danse des anges, quatre morceaux.

264   Sainte Famille accompagnée d'un Ange tenant une couronne ; le même sujet, Jésus caresse sa mère, la Vierge présentant le sein à son fils, Alexandre Scaglia aux genoux de la Vierge, reçoit la bénédiction

de

Suite des Pièces d'après Van Dyck.

de l'Enfant Jésus , la Vierge son fils dans
ses bras , les yeux élevés au ciel ; gravés
par Sch. a Bolswert , Henr. Snyers , Pet.
Clowet , Conr. Waumans & P. Pontius ,
celle du dernier est double avant & avec
la lettre.

265 L'Enfant Jésus appuyé sur la Boule du
Monde écrase le serpent ; le même caref-
fant S. Jean , les Bustes du Sauveur & de
fa Mère , & différens sujets de Vierge , &c.
par Piet. de Jode , Sch. a Bolswert &
autres , neuf pièces.

266 La Communion de S. Bonaventure , l'ex-
tâse de S. Augustin , S. Jérôme en prière ,
S. Sébastien , l'Ange gardien , Sainte Ro-
falie , le Martyre de Sainte Agathe , deux
compositions de la Charité humaine , &c. par
Fr. Van den Wyngaerde , *ex.* Piet. de Jode ,
J. Mac. Ardell , P. Van Schuppen , P. Pontius , Corn. Galle & Corn. V. Caukercken ,
W. W. Ryland & autres , vingt pièces; la troifième est en manière noire & avant la lettre.

267 Silène soutenu par une femme & un jeune
homme suivis de deux Satyres , Antiope
furprise par Jupiter , Mars défarmé par
Vénus , &c. par Sch. a Bolswert , Théod.
Van Keffel , P. Soutman , Conr. Waumans
& autres , dix pièces.

268 Dédale attachant des aîles à son fils Icare ,
& le Temps qui rogne les aîles de l'Amour ,
pièces en manière noire , par J. Watts &
J. Mac. Ardell , épr. avant la lettre ; le

D

deuxième ſujet double, avant & avec la lettre.

269 Renaud endormi enchaîné avec des fleurs par Armide, le même éveillé & ſurpris à la vue des charmes de cette princeſſe, Béli-ſaire aveugle & mandiant, par P. de Balliu, Pet. de Jode, & L. Ger. Scotin.

DYCK, (Philippe Van).

270 Agar reçue & Agar renvoyée , par J. Maſſard & Car. Porporati, épreuves avant la lettre ; la ſeconde double avec la lettre.

ELSHEIMER, (Adam) *né à Franc-fort ſur le Meyn en* 1574 , *mort à Rome en* 1620.

271 Le Martyre de S. Laurent , Latone inſul-tée par les payſans les métamorphoſe en grenouilles : les Heures du jour, par Magd. de Pas , J. Van den Velde , &c.

272 Tobie & l'Ange, (de deux différentes compoſitions) , la Fuite en Egypte , la Décolation de S. Jean , Mercure & Jupiter chez Philémon & Baucis, Stellion méta-morphoſé en Lezard par Cerès , & un Payſage au lever de l'aurore, par Henr. Goudt, trois copies des deux premiers & de l'avant - dernier ſujet , par Venceſ. Hollar , &c. dix pièces.

EVERDINGEN, (Aldert Van) *né à Alcmaer en* 1621 , *mort dans la même ville en* 1675.

273 Soixante-cinq Pièces, ſujets de la fable du Renard , Payſages , Vues de Norwege ,

dessinées & gravées à l'eau forte par ce peintre.

GOLTZIUS, (Henri) *ou Coltz, né à Mulberg, près de Vanloo, en 1558, mort à Harlem en 1617.*

Morceaux composés & gravés par ce Maître.

274 Une Etude de la Nativité, le Christ mort, Jupiter & Junon, Neptune & Amphitrite, Pluton & Proserpine, Junon & Pallas sur des nuages, Bacchus, Vénus & Cérès; (les cinq derniers sujets dans des ovales,) les compagnons de Cadmus dévorés par le Dragon, sept pièces; Amours des Lieux & Emblèmes, dix-huit morceaux.

275 Le Jugement de Midas, & Hercule triomphant, deux pièces.

276 Différens sujets de Guerriers, la pièce dite *le Chien de Goltzius*, ou Théoderic Frisio, Enfant prêt à se mettre à cheval sur un chien épagneul ; on a joint à ce dernier morceau une copie faite de même sens, seize pièces.

PIÈCES D'APRÈS H. GOLTZIUS.

277 Judith, Sisara, la Sainte Famille, les Pelerins d'Emüs, N. S. en Jardinier, Bacchus, Vénus & Cérès, Diane découvrant la grossesse de Calisto, par J. Saenredam & Jac. Matham, sept pièces ; le dernier sujet est avant la draperie qui couvre Calisto.

278 Bacchus, Cérès, les Ages , les trois

Mariages, plusieurs morceaux des Sens & des Planettes, &c. par J. Saenredam, vingt-trois pièces.

HOLBÉEN, (Jean) *né à Bâle en 1498, mort à Londres en 1554.*

279 Le Procureur & ses Cliens, par Ant. Walker, épr. avant la lettre, & sur papier de soie.

HOLLAR, (Vinceslas) *né à Prague en 1607, mort à Londres en 1677.*

280 Cent douze pièces gravées à l'eau forte par cet artiste ; Sujets, Portraits, Suites d'animaux & Paysages, Feuilles de manchons, vues de lieux célèbres, Etudes, &c. d'après différens maîtres, ou sur ses compositions, on y distingue des morceaux de la suite de la Mort, le Calice & le Lièvre d'après J. Holbéen, Andr. Manteigna & P. Boel; la Cathédrale d'Anvers, la Bourse de Londres, &c.

HOOGE, (Romyn de) *né à la Haye en 1620.*

281 Trente pièces, Batailles, Sièges & Sujets historiques, Fables, Costumes, &c. composées & gravées à l'eau forte par ce maître.

HUYSUM, (Jean Van) *né à Amsterdam en 1682, mort en 1749.*

282 Deux Tempêtes par Jac. Watson, pièces en manière noire, & avant la lettre; une des deux d'après W. Van den Velde.

283 Le Vase de Fleurs & les Fruits, par

Rich. Earlom, morceaux en manière noire ; le premier est imprimé sur papier de soie, le second est double avant & avec la lettre.

JORDAENS, (Jacques) *né à Anvers en 1594, mort dans la même ville en 1678.*

284 Deux compositions de la Nativité, la Fuite en Egypte (ou la Chûte de l'Idole au passage de la Divinité ;) autre Fuite en Egypte, Jésus interrogé devant Caïphe, le même devant Pilate, un Christ, (épr. double, la deuxième avant la dédicace à Christ. de Beaumont,) par Pet. de Jode, Ign. Marinus, P. Pontius, Jac. Jordaens, Jac. Neefs & Sch. a Bolswert ; N. 2, 3, 4, 5, 8, 9 & 11. (1).

285 S. Martin de Tours guérissant un Possédé, & le Martyre de Ste. Apolline, par Pet. de Jode & Ign. Marinus, N. 12 & 13 ; le second sujet est cintré du haut.

286 Le Roi boit, Mercure se prépare à couper la tête à Argus, le même coupant la tête d'Argus, Jupiter & Mercure chez Philemon & Baucis, Jupiter enfant, nourri du lait d'une chèvre parmi les satyres, le même pleurant & montrant un pot à une femme qui trait une chèvre, & Pan jouant de la flute, par P. Pontius, Sch. a Bolswert, Jac. Jordaens & Nic. Lauwers ;

---

(1) Voyez pour ces numéros & ceux placés à la suite des pièces gravées d'après ce maître, le Catalogue de son Œuvre, édit. de Basan, Paris 1767, in-12.

N. 14, 15, 16, 18, 19, 20 & 21; deux
font avant l'adreffe de A. Bloeting.

287   Les fujets de la Foie, le Concert, deux
compofitions du Satyre & du Paflart, la
femme à fa toilette, le Berger & la Bergère, le Payfan arrêtant un bœuf par la
queue, gravees par Alex. Voet, Pet. de
Jode, Sch. a Bolwert, Luc. Vofterman,
Jac. Neets & Jac. Jordaens; N. 22, 23,
24, 25, 26, 27, 29 & 30.

KAUFFMAN, (Marie Angélique)
né à Core dans le pays des Grifons.

288   Garde-à-Vous! par Car. Porporati.

PIECES AU POINTILLÉ, IMPRIMÉES
A LA SANGUINE.

289   Sacrifice à Priape, l'Amour puni & endormi, Junon empruntant la ceinture de
Vénus, le Triomphe de Vénus, par W. W.
Ryland; les quatre premiers fujets font
avant la lettre.

290   Achille pleurant Patrocle, les Adieux de
Télémaque à la Cour de Sparte, fon Retour
près de Pénélope, Eléonore fuçant la plaie
d'Edoward premier, Elizabeth Grey aux
pieds d'Edoward IV; par W. W. Ryland,
épr. avant la lettre.

291   La Patience, la Perfévérance, Héloïfe,
deux Sujets d'amufement, Lady en Sultane, & pendant, la Foi, la Fille du général Stanwix's, par le même, épr. avant la

Suite des Pièces d'après Kauffman.

lettre, (les deux derniers sujets en demi-figures.)

292 Dix Pièces, sujets doubles des deux articles précédens, épreuves avec la lettre ; plus, la Paix conjugale & la Musique lyrique, par W. W. Ryland.

293 Achille découvert à la cour de Lycoméde, l'Amour désarmé, le même redemandant ses armes, sa vengeance & son triomphe, Aglaia enchaînée par ses ordres, par le même ; Hélene & Cléopâtre, (ces deux derniers sujets de demi figures) par Gab. Scorodoomoff, huit pièces avant la lettre.

294 Diane & ses Nymphes, la Beauté dirigée par la Prudence & gouvernée par la Raison, *Ispala* en présence du consul *Posthumio*, Mirande & Ferdinand ; par R. S. Marcuard, J. Mar. Delatre, & P. W. Tomkins ; quatre autres par Th. Burke, W. Dickinson & J. Harding ; neuf pièces.

295 L'Amour reposant, la Tragédie & la Comédie, le Buste de Pope couronné par les Muses, &c. par J. Ogborne, J. C. Sintzénich & P. W. Tomkins ; onze morceaux.

PIECES IMPRIMÉES EN COULEUR.

296 Offrande à Priape, Junon empruntant la ceinture de Vénus, l'Amour endormi, le même enchaîné, & le Triomphe de Vénus, par W. W. Ryland : cinq pièces.

297 Le Jugement de Pâris, Vénus présentant Hélene à Pâris, Fuite d'Hélene, Cléopâtre

Suite des Pièces d'après Kauffman.

au tombeau de Marc Antoine, Cymon &
Iphigene, par W. W. Ryland.

298　Achille pleurant Patrocle, Télémaque à
la cour de Sparte, son retour près de Pénélope, Eléonore suçant la plaie d'E-
doward I. Elizabeth Grey aux pieds d'E-
doward IV. par le même ; cinq pièces.

299　La Patience, la Persévérance, un sujet de
Samma, Eloisa, Maria, Lady en Sultane,
l'Amusement du matin & pendants, &c.
quatorze pièces par le même.

300　Jupiter & Calisto, Orphée & Euridice,
l'Amour désarmé par Euphrosine, le même
enchaînant Aglaia, par Th. Burke.

301　Cupidon & Ganymède, & pendant ;
Alexandre cédant sa maîtresse à Apelles,
Pretextatus obsédé par sa mère, Cléopâtre
aux pieds d'Auguste, Abra, un sujet de
Sacrifice, &c. neuf pièces, par le même.

302　Herminie, Periclès & Aspasia, Catullus &
Lesbia, &c. par J. K. Sherwin ; cinq pièc.

303　Quatre Sujets d'Héloïse, par Gab. Scorodoomoff, J. Ogborne, & Th. Burke.

304　Achille reconnu, Sacrifice à l'Amour, ce
dieu endormi, le même désarmé & redemandant ses armes, sa vengeance, son
triomphe & Aglaia enchaînée par ses
ordres, &c. onze pièces, dix par Gab.
Scorodoomoff.

305　Passe-tems de Cupidon, Ariadne abandon-
née, Sapho inspirée par l'Amour compose
une ode à Vénus ; quatre pièces par les
Facius.

306 Pénélope, Didon, deux Sujets de la Beauté
dirigée par la Prudence & gouvernée par
la Raiſon, Moulines, Calais, par J. Mar.
Delatre ; ſept pièces.

307 Diane & ſes Nymphes, le Buſte de Pope
couronné par les Muſes, Colin-Maillard,
Mirande & Ferdinand, &c. par R. S.
Marcuard & P. W. Tomkins ; cinq pièces.

308 La Mort de Procris, Théſée découvrant
les armes de ſon père, Allegra, la Penſero-
ſa, l'Harmonie, la Nymphe ſacrifiant, &c.
par Th. Fielding & P. Bettelini ; autres de
J. C. Sintzénich & Giuſ. Zucchi : douze
pièces.

PIECES GRAVÉES EN MANIERE NOIRE.

309 Les Adieux d'Hector & d'Andromaque,
Télémaque à la cour de Sparte, la reine
Charlotte réveillant le Génie des Arts, &
une Femme tenant ſon enfant ; par Jac.
Watſon, Th. Burke & Rob. Lowrie.

KNELLER, (Godefroi) *ne à Lubeck*
en 1648, *mort à Londres en* 1726.

310 Un Religieux Eſpagnol & le Tombeau de
Marie Stuard, pièces en manière noire,
par J. Smyth ; plus, la Madeleine à la
lampe & celle au chardon, par le même,
d'après God. Schalcken & C. Smyth.

LAAR, (Pierre Van) *ou Bamboche,*
ne à Laaren, village proche la ville
de Naarden, en 1613, *mort à Amſ-*
terdam en 1673 *ou* 1674.

311 Six Etudes de Chevaux, gravés à l'eau

forte par ce maître ; le Voleur au Clair de Lune, le Payſan & la jeune Fille qui gardent un troupeau ; d'après ce maître, par Corn. Viſſcher, N. 21 & 22 ; & des Satyres enlevant de jeunes Léopards à leur mère, grand ſujet en hauteur, par Jon. Suyderhoef : douze morceaux.

LIEVENS, (Jean) *ou Lyvins, né à Leyden en* 1606.

312 S. Jérôme nud dans une grotte ; il eſt aſſis & tient un crucifix : trois Têtes, dont une de Perſan, pièces à l'eau forte par ce peintre, Iſaac & Eſaü & la Réſurrection du Lazare, d'après lui, par J. Geor. Van Uliet & J. Louys.

LUTMA, (Jean) *Orfévre & Graveur, floriſſoit vers* 1650.

313 Le Portrait en Buſte de cet artiſte, ceux de ſon père & des écrivains Vondel & P. C. Hooft, pièces cintrées du haut ; plus, la vue d'une Fontaine publique ; cinq morceaux gravés au maillet par cet artiſte.

MOLYN, (P   ).

314 Jéſus Chriſt arrêté au jardin des Oliviers & maltraité par des ſoldats, & le Reniement de S Pierre, par W. Akerſloot, le ſecond ſujet eſt marqué du nom de P. Molyn ; plus, ſept Payſages & une Vue de Hollande, cette dernière par Herman Sacht-Leuen : dix pièces.

NOLPE (Pieter) *Peintre & Graveur,*
né à la Haye en 1601.

315 Rupture de la Digue S. Antoine, le 5 mars
1651, six Paysages, Mois de l'année, &c.
composés & gravés par ce maître.

NOTHNAGEL, (Jean André Benjamin) *Amateur, à Francfort fur*
le Meyn.

316 Quarante-cinq Sujets facrés & hiftoriques,
Paysages, Etudes de Têtes, &c. compofés
& gravés à l'eau forte, dans la manière de
Rembrandt & d'Oftade.

OSTADE, (Adrien Van) *né à Lubeck*
en 1610, mort à Amfterdam en 1685.

317 L'Œuvre de cet Artifte, gravé à l'eau forte
par lui-même ; dans le nombre des morceaux qui le compofent, on diftingue le
Piffeur, le Fumeur à la fenétre, le Concert
nocturne, le Charcuitier, le Peintre, le
Coup de couteau & le Bal villageois ;
cinquante-quatre pièces, deux font doubles.

318 Le Joueur de Vielle & fes Enfans, dont un
joue du violon, la Tabagie, fujet où l'on
compte neuf figures, par Corn. Viffcher,
N. 15 & 23 ; le premier morceau exécuté
à l'eau forte, eft cintré du haut ; le fecond
eft connu fous le titre des Patineurs.

319 Six Sujets de Tabagie, Danfe de payfans, &c. par Corn. Viffcher, N. 24 & 25,
les autres par Jean Viffcher.

320 Les Joueurs de Trictrac, & pour pendant la Vieille Fileufe près de fon mari

qui devide, & un vieil Ivrogne caressant
une femme ; ce dernier sujet par J. Visscher, est connu sous le titre du Tatonneur.

321 Le Bal & la Querelle des Paysans, ou le
Coup de couteau, pièces en hauteur, par
J. Suyderhoef ; on compte huit figures
dans le second sujet.

322 Les Fileuses & trois sujets de Scènes familières & de Tabagie, par J. Suyderhoef.

323 Onze Pièces, Tabagies, Chaumières &
Baraques rustiques, &c. la plupart gravées
au lavis par Fr. Janiner, & imprimées en
couleur ; plusieurs sont doubles avant &
avec la lettre.

324 Le Chanteur en Foire, le Nouvelliste &
différens sujets doubles de l'article précédent ; le premier est en manière noire, plusieurs des autres en couleur : quatorze
morceaux.

POTTER, (Paul) *né à Enkhuissen en*
1625, mort à Amsterdam en 1654.

325 Paysages & Etudes de Vaches & de Che-
vaux, gravés à l'eau forte par ce maître ;
différens Combats d'Animaux, Suites de
Lions, Moutons & Chèvres, par Marc de
Bye, cinquante-deux pièces : seize par P.
Potter.

REMBRANDT, (Paul Van Rhyn)
né dans un Moulin, sur les bords du
Rhyn, près de Leyden, en 1606,
mort à Amsterdam en 1674.

326 Sept Pièces, Portraits de ce maître, ou

Suite des Pièces par Rembrandt.

Têtes qui lui reſſemblent, N. 3, 9, 22, 24, 25 (double) 26 & 27. (1)

SUJETS DE L'ANCIEN TESTAMENT.

327 Adam & Eve, (orig. & cop.) Abraham & les Anges, le même avec ſon fils Iſaac, (orig. & cop.) Le Sacrifice d'Abraham, Jacob pleurant Joſeph, Joſeph & la femme de Putiphar, le même récite ſes ſonges, David à genoux, & l'Ange diſparoiſſant d'avec Tobie, N. 29, 30, 32, 33, 35, 36, 37, 40, 42 ; dix morceaux.

SUJETS DU NOUVEAU TESTAMENT.

328 La Nativité, la Circonciſion, la Préſen- tation au Temple, la Fuite en Egypte, la Sainte Famille, Jéſus prêchant au Temple, ou la petite Tombe, (épr. avec différ.) Le Tribut de Céſar, les Vendeurs chaſſés du Temple, (épr. avec différences dans le fond) l'Enfant Prodigue & la Sa- maritaine, N. 44, 46, 47, 49, 51, 54, 55, 61, 66, 67, 69, 70, 72 ; quinze pièces.

329 Notre Seigneur guériſſant les Malades, morceau en largeur, connu ſous le nom de Pièce de cent florins, N. 75, prem. épr.

330 Notre Seigneur au jardin des Oliviers, (épr. doubles avec diff.) le même en croix

____

(1) Voyez pour ces Numéros & ceux des articles ſuivans, le Catalogue de l'Œuvre de ce Maître, fait par Gerſaint, & mis au jour par Hellé & Glomy, Paris 1751, édit. in-12.

Suite des Pièces par Rembrandt.

entre les deux Larrons , autre Crucifie-
ment , N. 78 , 81 , 82 ; quatre pièces.

331 L'*Ecce Homo* , ou Notre Seigneur présenté
au peuple, grand morceau en hauteur, N. 83.

332 Notre Seigneur porté au tombeau, les Pélerins d'Emaüs , la Décolation de S. Jean,
le Baptême de l'Eunuque, le Martyre de S.
Étienne , S. Jérôme, & la Jeuness surprise
par la Mort, N. 88 , 91 , 92 , 95 , 98 , 100 ,
102 , (ce dernier double avant & avec le
nom de Rembrandt) 103 , 105 , (pièce
rare, 106 & 109 ; douze pièces.

SUJETS DE FANTAISIE, GUEUX OU MANDIANS, &c.

333 L'Étoile des Rois , les Quatre Chasses , le
Vendeur de Mort aux Rats , le Petit Orfévre , la Faiseuse de Koucks , (épreuve
double) , la Synagogue , la Fortune Contraire , le Maître d'École , le Charlatan &
le Dessinateur , N. 112 , 113 , 117 , 119 ,
120 , 122 , 123 , 126 , 127 & 128 ; quatorze pièces.

334 L'Amour , Juif à grand bonnet, Paysan ,
Aveugle jouant du violon , Paysan & Pay-
sanne marchant , Gueux debout , autres
assis , le Moine dans le jonc , le Joueur de
flute , Vieillard endormi au pied d'un
arbre, Dessinateur d'après le modèle , Figures nues , Hommes & Femmes , Femme
avec Satyre, (pièce rare, &c.) N. 130 ,
131 , 134 , 137 , 142 , 155 , 167 , 168 ,

Suite des Pièces par Rembrandt.

171, 179, 180, 181, 184, 185, 188, 190, 195, 196; vingt pièces.

PAYSAGES.

335 Le Paysage aux trois Arbres, N. 204, autres sous les N. 202, 209, 211, 217, 225, (le Moulin de Rembrandt), 227 & 228, (celui sous le dernier numéro est double & avec différence); neuf pièces.

PORTRAITS D'HOMMES
ET TÊTES DE FANTAISIE.

336 Portraits de Vieillards & Hommes de Lettres, autre du docteur Fautrieus Médecin, N. 237, 239, 242, 243, 245, 246, 248 & 250; huit pièces.

337 Renier Anflo, ministre anabaptiste, (orig. & cop.) Abraham France, amateur d'estampes, (épr. double avec différence,) J. Lutma, orfévre, & Wtenb. gardus, ministre hollandais, N. 251 rare, 253, 256 & 259; six pièces.

338 Vitenbogaard, receveur des Etats de Hollande, connu dans ce pays sous le nom de Peseur d'or, & en France sous celui de Banquier, N. 261; on a joint à ce Portrait, l'un des plus rares de Rembrandt, la copie faite par W. Baillie, épr. double avant & avec la lettre.

339 Têtes de Vieillards & de jeune Hommes, autres d'Officiers, &c. N. 267, 269, 272, 276, 277, 287, 288, 290, 294, 297, 299, 304 & 309; treize pièces.

Suite des Piéces par Rembrandt.

PORTRAITS DE FEMMES ET ÉTUDES DE TÊTES.

340 La grande & la petite Mariée juive, différentes Têtes de Vieilles & jeunes Femmes, Maureſſe Blanche, & Feuilles d'Études, N. 311, 312, 316, 320, 324, 331, 334, 335 & 146 du Supl. au catal. de Rembrandt, par P. Yver; plus, une Tête de Vieillard à barbe blanche; il eſt coëffé d'une tocque; (morceau dans la manière de Rembrandt & auquel on l'attribue). P. Yver le croit de Ferd. Bol. Voyez le N. 3 de la pag. 147 du Supplément ; dix pièces.

341 Douze Pièces, Sujets, Portraits & Etudes, par Rembrandt & d'après lui.

MORCEAUX D'APRÈS REMBRANDT.

342 Loth & ſes Filles, morceau d'un bel effet, par J. G. Van Uliet, N. 369.

343 S. Jérôme dans un ſouterrein, à genoux devant un grand livre ouvert, le même aſſis au pied d'un tronc d'arbre, par J. G. Van Uliet, N. 371 & 372.

344 Femme liſant dans un grand livre, Portrait de Philon le juif, Tête polonaiſe, Philoſophe ou Miniſtre, & Homme les mains jointes, par le même, N. 373 & partie de 374; cinq pièces.

345 Le Sacrifice d'Abraham, Suſanne & les Vieillards, la Nativité, N. 381, pièces en manière noire, par J. God. Haid, Rich. Earlom

Suite des Pièces d'après Rembrandt.

Earlom & Bernard ; épr. avant la lettre.

346 Le Tailleur de Plume , la Plumeuse de
Poule , l'Homme au Couteau , le Portrait
de Rembrandt , celui de sa mère , les Trois
Guerriers vus à mi-corps , connus sous les
noms d'Hommes à la Lance , au Sabre &
à la Hallebarde , &c. en manière noire ,
par J. Mac. Ardell , Rich. Houston , W.
Pether & autres ; onze pièces , huit sont
avant la lettre.

347 Vingt-sept Sujets sacrés & profanes , Têtes
& Etudes , par J. Suyderhoef , N. 386 ,
Bern. Picart , Rich. Houston , Geor. Fréd.
Schmidt , de Berlin , S Fokke , J. Mar.
Moreau , Ant. Marcenay & autres.

RODE (Christian Bernard) *ne à Berlin en 1725.*

348 Dix-neuf Sujets de l'ancien & du nouveau
Testament , Traits historiques , composés
& gravés à l'eau forte par ce maître.

ROMBOUTS , (Théodore) *né à
Anvers en 1597 , mort dans la même
ville en 1637.*

349 Le Maître de Musique , par Sch. a Bolswert.

ROOS , (Jean Henri) *né à Otterdorf ,
dans le Palatinat , en 1631 , mort à
Francfort en 1685.*

350 Trente-trois Pièces , Etudes d'animaux &

Paysages, à l'eau forte par cet artiste, & d'après lui, par J. El. Ridenger, & B. A. Duncker.

RUBENS, (Pierre Paul) *né à Cologne en 1577, mort à Anvers en 1640.*

SUJETS DE L'ANCIEN TESTAMENT.

351   La Chute des Anges rebelles, par Luc. Vorsterman, n. 1, (*) (orig. & petite copie avec le nom de C. Galle).

Le même sujet, Jac. Neeffs, n. 2. pièce dite la petite Chute des Anges.

Loth sortant de Sodôme, Luc. Vorsterman, n. 3 (4).

Le même enivré par ses Filles, W. Leeuw, n. 4 (3).

Le même, W. Swanenburg, n. 5.

Le même, J. Coelemans, n. 6 *, sept pièces.

352   Melchisedech, par H. Witdouc (**), n. 10 (9).

Le même, Jac. Neefs, n. 11 (8).

(*) Les Numéros placés à la suite des Pièces gravées d'après Rubens, correspondent au Catalogue de l'Œuvre de ce Maître, publié par Fr. Basan, Paris, 1767, 1 vol. in-12 ; ceux qu'on trouve à la suite entre deux paranthèses, renvoyent à la première édit. de cet ouvrage, fait par Rob. Hecquet, graveur, & publié par lui à Paris en 1751, 1 vol. in-12. L'étoile qui suit plusieurs numéros, indique des additions faites dans l'édit. de Basan. Le numéro est seul, lorsqu'il est le même dans les deux Catalogues.

(**) Witdouc, Withouc ou Witdoeck, est le même Maître ; nous avons indiqué son nom à la suite des morceaux qu'il a gravés, ainsi qu'il s'y trouve désigné, règle que nous avons suivi pour tous les Graveurs de Rubens.

Suite des Pièces d'après Rubens.

Sacrifice d'Abraham, And. Stock, n. 12 (10), épr. avant l'adreffe d'Hondius.

Le même, Corn. Galle *ex*, n. 13 (11).

Réconciliation de Jacob & d'Efaü, P. de Balliu, n. 14 (12).

Le même en petit, Ph. And. Kilian, fix pièces.

353 Le Serpent d'airain , par. S. a Bolfwert , n. 16 (14).

Samfon qui tue un lion, Fr. Van den Wyngaerde, n. 17 (16).

Le même, E. Quellinus, n. 18 (15).

Le même fur les genoux de Dalila, Ja. Matham, n. 19 (17).

David qui étouffe un ours, G. Panneels, n. 21 (45 fujets hift. & alleg).

Le même coupant la tête à Goliath, Guil. Panneels, n. 22 (18).

Abigaïl venant fléchir la colère de David, Adr. Lommelin, n. 23 (19), fept pièces.

354 Le Jugement de Salomon, par B. a Bolfwert, n. 24 (20).

Le même, petite copie de fens oppofé, fous l'ad. de Chereau.

Elie auquel l'ange apporte la fubfiftance, Coenr. Lauwers, n. 26 (22).

Judith qui coupe la tête à Holopherne, Corn. Galle, n. 27 (23), épr. avant l'adreffe de C. Collaert, pièce connue fous le titre de la grande Judith.

La même qui met la tête d'Holopherne

Suite des Pièces d'après Rubens.

dans un ſac, dite la petite Judith, Alex. Voet *junior*, n. 28 (24).

Jonas jetté à la mer ; P. J. Taſſaert, ſix pièces.

355 Eſther devant Aſſuerus, par Rich. Colins, n. 29 (25).

La même, Guil. Panneels, n. 29* bis.

Suſanne ſurpriſe par les vieillards, Luc. Vorſterman, n. 33 (29).

La même, par Paul. Pontius, n. 34 (30).

La même, par Quirin Marck, deux épr. avant & avec la lettre.

La même, en taille de bois, par Chriſ. Jegher, n. 36 (31), épr. avec l'adreſſe de Rubens, ſept pièces.

SUJETS DU NOUVEAU TESTAMENT.

356 Le Mariage de la Vierge, par S. a Bolſwert, n. 1, épr. avant le mot *Antuerpiæ*, C. P.

L'Annonciation, par le même, n. 3.

La Viſitation, Petr. de Jode *junior*, n. 4 (5), épr. double ; l'une eſt retouchée par Rubens.

La Nativité, dite à l'Araignée ; Luc. Vorſterman, n. 5 (6), cinq pièces.

357 La Nativité, par Luc. Vorſterman, n. 6 (7).

Le même ſujet, S. a Bolſwert, n. 7 (8).

Autre, Guil. Panneels, n. 8 (9).

Autre, Paul Pontius, n. 10 (11), pièce cintrée, épr. avec l'adr. de Gil. Hendricx.

Autre, J. Witdoeck ; mais avec le nom de S. a Bolſwert, n. 11 (12), épr. avant l'adreſſe de C. Van Merlen.

Autre, fous l'adreffe de Bafan, n. 11*bis, fept pièces.

358 L'Adoration des Rois, par Nic. Ryckemans, n. 12 (13), épr. avant l'adreffe de C. Van Merlen.

Autre, par S. a Bolfwert, n. 15 (18), avec le nom de Vanden Enden.

Autre, par Guil. Panneels, n. 16 (15).

Autre, par N. Lauwers, n. 17.

Autre, par H. Witdouc, n. 18 (19), cinq pièces.

359 Adoration des Rois, par Ad. Lommelin, n. 19 (20), pièce en hauteur.

Autre, par le même, n. 20 (21), morceau en largeur.

Autre, Luc. Vorfterman, n. 22, pièce en deux feuilles.

Autre, dite au flambeau, par le même, n. 23.

Fuite en Egypte, Marinus, 26 (27).

Retour d'Egypte, S. a Bolfwert. n. 29.

Autre, Luc. Vorfterman, n. 30, fept pièc.

360 Le Maffacre des Innocents, par Paul. Pontius, n. 32, pièce en deux feuilles, non affemblée.

La copie de cette Eftampe, par Car. Dupuis, n. 33*.

361 La Préfentation au Temple, par P. Pontius, n. 34 (33), deux épr. l'une eft avant les rayons autour de la tête de la Vierge, & au haut du Temple, & avec une arcade dans le fond, dont la place eft occupée

Suite des Pièces d'après Rubens.

aux épreuves poſtérieures par une colonne, toutes deux avant les adreſſes.

Le Baptême de **N. S.** Guil. Panneels, n. 36 bis (35).

Tentation de Jéſus Chriſt, gravée en taille de bois, par Chr. Jegher, n. 37, (36), quatre pièces.

362   Le Bourreau donnant la tête de S. Jean à Salomé, par S. a Bolſwert, n. 39 (38).

Hérodiade tenant la tête de S. Jean, **G.** Panneels en abrégé, n. 40.

La même préſentant la Tête de S. Jean à ſa mère ; S. a Bolſwert, n. 41 (39), pièce connue ſous le nom du Feſtin d'Hérode ; trois morceaux.

363   Rendez à Céſar , par Luc Vorſterman, n. 43 (42) épreuve & contre-épreuve.

La Pêche du Poiſſon, attribué au même ; n. 44 (43).

La Copie du même ſujet , de ſens op- poſé ; J. C. Viſſcher, *ex.*

Pêche Miraculeuſe, P. Soutman, n. 47 (46).

La même, Schelte a Bolſwert, n. 48. (47) , pièce de trois feuilles, connue ſous le nom de grande Pêche de Rubens.

Jéſus donnant les Clefs à S. Pierre ; Pet. de Jode , n. 49 (48), deux épr. la ſeconde avec changemens dans le fond , &c.

Jéſus donnant les Clefs à S. Pierre ; F. E'iſen, n. 50 (49), ſept pièces.

364   La Madeleine chez le Phariſien , par Mich. Natalis, n. 55 (51).

Suite des Pièces d'après Rubens.

La même, par Guil. Panneels, n. 56 (52).

La même en manière noire, par Rich. Earlom.

Jéſus inſtruiſant Nicodême, J. L. Krafft, n. 58 *, quatre piéces.

365 La Réſurrection du Lazare, par Boët. a Bolſwert, n. 61 (54).

La Copie de ce ſujet, de ſens oppoſé & de même proportion.

La Cène, par Boët. a Bolſwert, n. 62 (60), épr. avant l'adreſſe de G. Huberti.

La Cène, d'après le deſſin de P. P. Rubens, ſur le tableau de L. de Vinci; par P. Soutman, n. 64 *, morceau de deux feuilles ſans nom de graveur; quatre pièc.

366 Priere au jardin des Olives, par Petr. de Bailliu, n. 66 (62).

La Flagellation, Paul Pontius, n. 70 *.

Ecce Homo, Corn. Galleus, n. 72 (66).

Le même ſujet, morceau en hauteur; Nic. Laeuwers, n. 74 (68), épr. avant le nom de S. a Bolſwert; quatre pièces.

367 Le Portement de Croix, par Paul. Pontius, n. 75 (69).

Elévation en Croix, H. Withouc, n. 78 (71), pièce de trois feuilles; deux morc.

368 Un Chriſt, par Luc. Vorſterman, n. 84 (77).

Jéſus crucifié, S. a Bolſwert, n. 85 (78), épr. avant la lettre.

Chriſt entre les deux Larrons, par le même, n. 86 (79), épr. avant la lettre.

Suite des Pièces d'après Rubens.

La même composition en manière noire[a] par Rob. Lowrie.

Christ entre les deux Larrons ; un bourreau casse les jambes à l'un d'eux ; B. a Bolswert, n. 87 (80), cinq pièces.

369   Le Christ dit au coup de Poing, par Paul. Pontius, n. 89 (82).

Autre avec la Ville de Jérusalem dans le fond ; S. a Bolswert, n. 93 (83), épreuve avec le nom de Vanden Enden.

Le même recommandant S. Jean à la Vierge ; Jacob Neeffs, n. 96 (86), trois pièces.

370   La Descente de Croix, par Pet. Clouwet, n. 97 (87).

Le même sujet ; Coen. Waumans, n. 98, (88).

Le même sujet d'après le tableau de la ci-devant cathédrale d'Anvers ; Luc. Vorsterman, n. 99 (89), épr. avant l'adresse de Van Merlen, trois pièces

371   Jésus mort, soutenu par la Vierge ; un Capucin se voit à la gauche du sujet, par Paul. Pontius ; titre *Christi funus*, n. 101 (92).

La même composition ; S. a Bolswert, n. 102 (93).

Christ mort sur les genoux de la Vierge ; Corn. Galle, n. 105 (95).

Christ au Tombeau ; Jo. Witdoeck, n. 106 (97).

Le même, auquel une des Saintes Fem-

mes ferme les yeux; P. Soutman, Effig.
& *ex.* n 107 (96).

Le même, la Vierge eſt prête à cou-
vrir d'un voile la iête de ſon fils; Nic.
Ryckemans , n. 108*, ſix pièces.

372 La Réſurrection de N. Seigneur , par S. a
Bolfwert , n. 109 (98).

Jéſus ſortant du tombeau ; Rem. Eyn-
houedis , n. 110 (99).

L'Apparition des Anges aux Saintes
Femmes au tombeau ; L. Vorſterman ,
n. 111 (100).

Jéſus & les Pélerins d'Emaüs ; H. Witdouc, n. 114 (103).

Le même ſujet ; P. Van Sompelen ,
n. 115 (104).

Partie de cette même compoſition, ſujet
de demi-figure.

Afcenſion de N. Seigneur ; S. a Bolfwert, n. 118 (107), épr. avant l'adreſſe
de Gil. Hendrick, ſept pièces.

373 La deſcente du S. Eſprit, par Paul. Pontius, n. 119 (113).

La Converſion de S. Paul ; S. a Bolfwert, n. 114 du Catalogue d'Hecquet,
épr. avec la marge du bas coupé.

La Trinité , par S. a Bolfwert, n. 123
(112), trois pièces.

374 Le Jugement dernier, par Corn. Viſſcher,
n. 124 (131), pièce de deux feuilles
avant l'adreſſe de Soutman.

Chute des Réprouvés, par R. Van Orley,
n. 125 (130), épr. ſans noms d'auteurs.

Suite des Pièces d'après Rubens.

Chute des Réprouvés ; P. Soutman, n. 126 (132), épr. avant l'adreſ. de Phil. Bouttat *junior*; on place quelquefois cette pièce avec les ſujets de la Chute des Anges.

Autre ; J. Suyderhoef, n. 127 (133), épr. avant les draperies.

Les Évangéliſtes ; S. a Bolſwert, n. 128 (121), cinq pièces.

HISTOIRES ET ALLÉGORIES SACRÉES.

375 Les Pères de l'Égliſe, par Corn. Galle, n. 2 (117 du Nouveau Teſtament).

Les mêmes ; ſujet en demi-figures, par C. Van Dalen *junior*, n. 3 (118 ibid).

Les mêmes, & Sainte Claire; S. a Bolſwert, n. 4 (119 ibid).

La copie de la même compoſition, de ſens oppoſé , petite pièce ſans lettre , quatre morceaux.

376 Deſtruction de l'Idolâtrie , par S. a Bolſwert, n. 6 (127 ibid), pièces en deux feuilles ainſi que les ſuivantes.

Triomphe de la nouvelle Loi ; Nic. Lauwers, n. 7 (126 ibid).

Celui de l'Égliſe par l'Euchariſtie; S. a Bolſwert, n. 8 (128 ibid).

Celui de la Charité ; Ad. Lommelin, n. 9 (125 ibid), ſans titre.

Le Temps terraſſe l'Héréſie & découvre la Vérité, par le même, n. 10 (129 ibid), cinq pièces.

377 Les Pères & Docteurs de l'Égliſe, par Henr. Snyers, n. 11 (122 ibid).

Suite des Pièces d'après Rubens.

Saint Ambroife & Théodofe le Grand, par J. Schmuzer, deux épr. avant & avec la lettre.

La Foi, l'Efpérance & la Charité; J. B. Michel, compofition dans une bordure ronde.

Le Tableau de la Chapelle où eft le tombeau de Rubens; P. Pontius, n. 17 *.

La même compofition avec différence; Rem. Eynhouedt, n. 18 *, fix pièces.

SUJETS DE VIERGES.

378 Immaculée Conception, par S. a Bolf-wert, n. 1.

Autre, par Matt. Borrekens, n. 2.

Affomption; S. a Bolfwert, n. 4, (9), fujet de forme cintrée.

Autre; H. Witdouc, n. 8 (12), les angles du haut à pans coupés, épr. avant l'adreffe de Van Merlen.

Autre; Paul. Pontius, n. 9 (13), compofition cintrée, épr. & contre-épreuve; la dernière retouchée par Rubens, fix pièces.

379 Affomption; par Guil. Panneels, n. 12. (15), morceau cintré.

Autre; A. Lommelin, n. 13 (16), morceau cintré.

Couronnement de la Vierge; Paul. Pontius, n. 16 (6).

Le même fujet, dit la Reine des Anges; Corn. Vifcher, n. 18 (7).

Suite des Pièces d'après Rubens.

La même compoſition avec changement, F. L. D. Ciatres *ex*, n. 19 (8), cinq pièces.

ENFANCE DE JÉSUS.

380 Repos en Egypte, gravé en taille de bois, par C. Jegher, n. 23 (31 du nouv. Teſt.), deux épr. l'une en clair obſcur.

La Vierge près de l'Enfant Jéſus endormi; L. Vorſterman, n. 25 *.

La même faiſant diſtiller du lait dans la bouche de l'Enfant Jéſus, ſans nom, n. 26 (44).

La même tenant Jéſus dans ſes bras; Jo. Witdoeck, n. 29 (40), épr. avec les angles blancs.

La même embraſſée par l'Enfant Jéſus; J. Suyderhoef, n. 31 (30).

La même carreſſée par l'Enfant Jéſus; S. a Bolſwert, n. 34 (33).

La même & ſon fils accompagnés d'anges; Alex. Voet *junior*, n. 35, (34).

La même, ſon fils ſur ſes genoux; S. a Bolſwert, n. 36 (41), deux épr. l'une avant le nom de Vanden Enden.

La même; P. J. Taſſaert, n. 37 * bis.

L'Enfant Jéſus & S. Jean jouant avec un agneau, pièce en taille de bois, par C. Jegher, n. 40 (22 ſujets de Saintes).

La même compoſition; Corn. Galle *ex*, n. 41 (136, du nouv. Teſt.), douze pièces.

381 Sainte Famille, par Guil. Panneels, n. 44 * bis.

Suite des Pièces d'après Rubens.

Autre; Joan. Witdoeck, n. 46 (23), épr. avant le nom de Jac. Moermans.

Autre ; Luc. Vorsterman, n. 48 (38).

Autre ; Jo. Witdoeck, n. 50 (24).

Autre, dite au Perroquet; Bolswert, n. 52 (35).

Autre, Sainte Famille; Mich. Lasne, n. 53 (37).

Autre de la même composition, avec changement; Luc. Vorsterman, n. 54 (36).

La même de sens opposé, n. 54 * bis.

Autre Sainte Famille; S. a Bolswert, n. 55 (26), épr. avant l'adresse, d'Ant. Bon-Enfant.

La même composition, mais en demi-figures; Paul. Pontius, n. 56 (27).

La même, dite à l'Oiseau; S. a Bolswert, n. 58, (22), épr. avant le nom de Vanden Enden.

La Sainte Famille; Gio. Batt. Barbé, n. 60 (43), épr. avant le nom de Rubens, douze pièces.

382 Sainte Famille, composition de six figures ; on y voit Sainte Anne présentant le jeune S. Jean à l'Enfant Jésus : grande composition en hauteur, gravée en manière noire, par Rich. Earlom, sous le titre *The Holy Family*, deux épr. avant & avec la lettre.

SUJETS PARTICULIERS DE VIERGE.

383 La Vierge sur un degré, accompagnée de plusieurs Saints, par Hend. Snyers, n. 61 (19).

Suite des Pièces d'après Rubens.

La même compoſition ; Rem. Eyn-houdts, n. 62 (20).

La Vierge dans une Niche ; Corn. Galle, n. 63 (21).

La même percée d'un glaive ; W. D. Leeuw, n. 64 (51).

Interceſſion de la Vierge près de ſon fils ; Egb. Van Panderen, n. 67 (116 du nouv. Teſt.), cinq pièces.

SUJETS DE SAINTS.

384 La Mort de S. Antoine, par Pet. Clou-wet, n. 1.

Martyre de S. André ; Alex. Voet *junior*, n. 2.

S. Grégoire ou S. Ambroiſe ; Remol. Eynhouedts, n. 4 (3).

La Converſion de S. Bavon ; F. Pilſen, n. 7 (6).

S. François recevant les Stigmates, at-tribué pour la gravure, à Rubens, n. 9 (8).

Le même ſujet, différent de compoſi-tion ; Luc. Vorſterman, n. 11 (10), ſix pièces.

385 S. François d'Aſſiſe recevant l'Enfant Jéſus des mains de la Vierge ; la tête du Saint gravée par Corn. Viſſcher, épr. avant le nom du graveur, n. 13 (12).

Même compoſition avec différence, par M. Laſne, n. 14 *.

La Communion de S. François d'Aſſiſe ; Hend. Snyers, n. 15 (13).

S. François Xavier aux Indes orientales ; Marinus, n. 16 (14).

Le même, figure feule; Matth. Borrekens, n. 18 * bis.

S. François de Paule recevant l'Enfant Jéfus des mains de la Vierge, M. Lafne, n. 19 (17), deux épr. l'une avant le nom de Rubéns & celui de C. Galle *ex.* & avec un rond tracé à la place du nom du Saint, qui fe lit aux épr. poftérieures.

S. Grégoire, fans nom de graveur, n. 23 (20).

S. Ignace de Loyola guériffant les Poffédés ; Marinus, n. 24 (23).

Le même Saint, figure feule, Matth. Borrekens, n. 25 * bis.

Le même, demi-figure ; S. Bolfwert, 26 (25), onze pièces.

386   S. Ildephonfe, par H. Witdouc, n. 31

S. Jufte décollé; Joan. Witdoeck, n. 35 (29).

Martyre de S. Lievin ; Corn. Van Caukercken, n. 36 (32), épr. avant l'adreffe de Gafp. de Hollander.

Martyre de S. Laurent; Luc. Vorfterman, n. 37 (34), quatre pièces.

387   S. Martin, par Th. Chambars, n. 39 *.

S. Pepin & Ste. Begue ; Franc. Vanden Steen; n. 42 (40), fujet gravé d'après un deffin fait fur les tableaux d'Hub. Van Eyck.

S. Paul, Rom. Eynhoucdts, n. 43 (35).

Les Peftiférés intercédant S. Roch ; Paul. Pontius, n. 44 (36).

 Eſtampes en feuilles,

Suite des Pièces d'après Rubens.

Sacre d'un Evêque ; P. Soutman, n. 47 (38).

Martyre de S. Thomas, apôtre aux Indes ; Jac. Neeffs, n. 48 (39).

Martyre de S. Etienne ; P. J Taſſaert.

Deux Religieux de l'ordre de S. Antoine, demi-figures dans un ovale en manière noire, par J. Spilsbury, n. 76 * bis, pag. 152 des additions & corrections, fol. 264 du catalogue Baſan.

Sujets de Saintes.

388 Sainte Anne & la Vierge, par S. a Bolſwert, n. 2 (1), ſujet connu ſous le titre de l'Education de la Vierge , épr. avec le nom de Vanden Enden.

Sainte Anne & la Vierge ; Corn. Van Koukercken , n. 3 (2).

Sainte Barbe ; S. a Bolſwert, n. 6 (4).

La même ; L. Vorſterman *ex*, n. 7 (5).

Sainte Catherine ; S. a Bolſwert, n. 13 (11).

Sainte Catherine , figure pour un plafond, elle eſt gravée à l'eau forte par P. P. Rubens, n. 15 (13).

Couronnement de Sainte Catherine ; Pet. de Jode, n. 16 (14).

La copie de ce ſujet, petite pièce de ſens oppoſé ; huit morceaux.

389 Martyre de Sainte Catherine, par W. D. Leeuw, en abrégé, n. 21 (10).

Sainte

Suite des Pièces d'après Rubens

Sainte Cécile, sujet de demi-figures; Guil. Panneels, n. 22 (15).

La même touchant du clavecin, figure entière; Jo. Witdoeck, n. 24 (17), épr. avant le nom de Gil. Hendricx.

Sainte Hiltrude; Théod. Galle *ex.* n. 26 (18).

La Madeleine foulant aux pieds ses bijoux; L. Vorsterman *ex.* n. 27 (20),

La même s'arrachant les cheveux, n. 28 (21).

La même au pied d'un rocher, n. 29 *.

La même expirant; Pet de Baillieu, n. 30 (19), épr. avant l'adresse de Jac. Moermans.

Sainte Rosalie, n. 31, avec le nom de C. Galle.

Sainte Thérèse; Pet. Verschippen, n. 32 (24)

Sainte Thérèse aux pieds de Jéus Christ; S. a Bollwert, n. 33 (37), épr. avec l'adresse de Vanden Enden; onze pièces.

SUJETS DE LA FABLE.

390 Achille reconnu, par Corn. Visscher, n. 1 (3).

Apollon & Daphné; Guil. Panneels, n. 5 (2), morceau cinté

Borée & Orithye; P. Spruyt, n 6 *.

L'Enlévement de Déianire; C. G. Schultze, épr avant la lettre, morceau de la suite publiée par Le Brun.

Repos de Diane, dite aussi Halte de

F

Suite des Pièces d'après Rubens.

Diane à la chaſſe ; J. Louys, n. 9 (36).

Erichtonius dans la Corbeille ; P. Van Sompel, n. 11 (26), ſix pièces.

391　Les Graces, par Pet. de Jode, n. 12 (23).

Hercule exterminant la Fureur & la Diſcorde ; en taille de bois, par Ch. Jegher, n. 14 (12).

Enlévement d'Hippodamie ; P. de Bailliu, n. 15.

Jupiter & Junon; Guil. Panneels, n. 16 (20).

Jupiter & Antiope ; Ravenet fils.

Ixion trompé par Junon ; P. Van Sompel, n. 18 (19).

Méléagre & Athalante ; Jo. Meyſens, n. 19 (28).

Même ſujet en demi-figures ; Corn. Bloemaert, n. 21 (30).

Le même ſujet; Guil. Panneels, épr. ſans nom de graveur. n. 22 (31) ; neuf pièces.

392　Le *Quos Ego*, par J. Daullé, n. 25 *.

Nymphes & Satyres portant du gibier & des fruits, ou le Retour de chaſſe ; S. a Bolſwert, n. 26 (44).

Quatre Femmes en demi-figures ; Melini, n. 26 * bis.

Orphée ; L. Deſplaces, n. 28 (22, Hiſtoire & Allégorie).

Le Jugement de Pâris ; A. Lommelin, n. 29 (17).

Le même ſujet; P. E. Moitte, n. 30 (18).

Perſée & Andromede ; P. F. Tardieu, n. 32 *; ſept pièces.

Suite des Pièces d'après Rubens.

393 Hospitalité de Philémon & Baucis, Jo. Meyssens *ex.* n. 34 (16).

Progné ; C. Galle, *ex.* n. 36 (34).

Enlévement de Proserpine ; P. Soutman, n. 37 (14), épr. avant l'adresse de de Wit.

Noces de Thétis & Pélée ; Franc. Vanden Wyngaerde, n. 41 (25).

Vénus sortant des Eaux ; P. de Jode, n. 42, épr. sans marge.

La même sur les eaux ; P. Soutman, n. 43 (48).

La même allaitant les Amours ; Corn. Galle, n. 44 (49).

La même Composition avec addition ; L. Surugue, n. 46 (50).

La même à sa toilette ; Guil. Panneels, n. 48 (51), morceau cintré, neuf pièces.

394 Mars va à la guerre & son retour, deux pièces par J. J. Avril.

Vénus & Adonis ; P. J. Taffaert, n. 51 *.

Bacchanale, Franc. Vanden Wingaerde, n. 53 (35) ; quatre pièces.

395 Bacchanale, *Visus hebet* ; J. Suyderhoef en abrégé, n. 54 (8).

Bacchus couronné de Pampres ; Carol. Faucy, n. 56 *.

Le même ivre ; Guil. Panneels, n. 57 (7).

Bacchus ivre, soutenu par un Satyre & un Maure ; J. Suyderhoef, n. 58 (9), sujet de demi-figures, sans nom de graveur.

Suite des Pièces d'après Rubens.

Bacchus ivre avec des Satyres ; Rich. Van Orley, n. 59 (10).

Le même assis sur un tonneau ; P. Peiroleri, n. 60 *, six pièces.

396 Triomphe de Bacchus, par Jo. Popels, n. 61 (41).

Le même sujet en demi-figures ; N. Delaunay, épr. avant la lettre.

Satyre portant des fruits ; Alex. Voet junior, n. 62 (46), trois pièces.

397 Silène ivre, par P. Soutman, n. 64 (37),

La même composition en manière noire, par Rich. Earlom.

Silène ivre soutenu par un Satyre ; S. a Bolswert, n. 66 (39).

Même composition en taille de bois & en clair obscur ; Ch. Jegher, n. 67 (40), quatre pièces.

HISTOIRES, ALLÉGORIES ET SUJETS PARTICULIERS.

398 Le Combat des Amazônes, par Luc. Vorsterman, n. 1 (3), morceau en six feuil.

La même composition, petite copie sous la conduite de G. Duchange, n. 2 *.

Cambyse, roi des Perses ; Rem. Enyhouedts, n. 3 (5), épr. sans marge.

Cléopâtre, demi figure ; Guil. Panneels, n. 4 (49 des portraits d'Hecquet).

Combat contre Maxence, & sa défaite, n. 5 (2) & 6 (1), pièces où l'on lit, Balt. Moncornet, *ex.*

Suite des Pièces d'après Rubens.

Trophée à la gloire de Conſtantin, *idem*, n. 7 (30).

Sujet ſur l'Apothéoſe de Jacques I; Luc. Vorſtermans *junior*, n. 13 (21, Fables d'Hecquet).

Friſe d'Enfans, repréſentant les Saiſons; Luc. Vorſtermans *junior*, n. 14 (39).

Rémus & Romulus allaités par une louve, ſans noms d'auteurs, n. 15 (24).

Enlévement des Sabines; Pitre Martenaſie, n. 16 *, onze pièces.

399   Mutius Scevola, par Jac. Schmuzer, deux épr. avant & avec la lettre.

400   La Continence de Scipion, par S. a Bolſ-n. 17 (4).

401   Diogène & Alexandre, pièce en hauteur, par Q. Marck.

Enlévement des Filles de Leucippe, par Caſtor & Pollux, épr. avant la lettre.

Séneque dans le Bain; Alex. Voet *junior*, n. 19 (25).

Séneque, figure ſeule debout dans le bain; Corn. Galle, n. 20 (26), cinq pièces.

La Tête de Séneque; C. Galle, n. 21 *, ſans noms.

402   Thomiris faiſant plonger la tête de Cyrus dans un baſſin plein de ſang humain; par Paul. Pontius, n. 22 (29).

403   L'Abondance, par Theod. Van Keſſel, n. 27 (33 des fables d'Hecquet), épr. avant l'écriture.

L'Alliance de Neptune & de Cibèle;

Suite des Pièces d'après Rubens.

Pet. de Jode, n. 28 (24 des Fables d'Hecquet), épr. avant l'écriture.

L'Alliance de l'Eau avec la Terre, gr.
pièce en hauteur ; Vangelifti.

Le Croc-en-jambe ; J. J. Avril, épr.
avant la lettre.

La Broyeuſe de couleur ; C. Galle ;
n. 33 (19), épr. ſans noms de graveur.

Le grand Sultan ; P. Soutman, n. 34
(41).

Charité romaine ; C. Van Caukercken,
n. 35 (15).

Le même ſujet ; Guil. Panneels, n. 36
(16).

Le même ſujet ; Alex. Voet *junior*,
n. 37 (17).

Converſation entre pluſieurs Amans, ſujet en deux feuilles , en taille de bois , par
C. Jegher, n. 38 (13) & 39 (14), onze
pièces.

404   Le Jardin d'Amour, par L. Lempereur,
trois épr. avant & avec la lettre, & à l'eau
forte, n. 40 *.

La Danſe Flamande ; Le Charpentier.

Une Femme dans le Bain ; H. Sim. Tho-
maſſin, n. 43 *.

405   Femme tenant un Pot à anſe , *Curſus mvn-
di* ; Franc. V. Wyngaerde, n. 45 (42).

Femme avec panier au bras , attribuée
pour la gravure à Corn. Viſſcher, & par
d'autres à Rubens, Vorſterman ou Pontius ,
n. 46 (43), épr. ſans nom de graveur.

Suite des Pièces d'après Rubens.

Femme tenant un Pot à feu ; C. F. Boëce, 49 *, pièce de la suite de la galerie de Drefde, deux épr.

La même ; F. Bafan *ex.* n. 50 *.

Fête Flamande ; Et. Feffard, n. 52 *, épr. avant la lettre.

Allégorie, *Regimen* ; Pet. de Jode, n. 53 bis (12).

Héros armé de toutes pièces & couronné par la Victoire ; P. Tangé, n. 54 *, fept pièces.

406 La Nature embellie par les Graces ; Corn. Van Dalen *junior*, n. 56 (22 des Fables d'Hecquet).

La Paix & la Guerre ; G. Bickham, n. 57 *.

Soldats faifant tapage ; Franc. Vanden Wyngaerdt, n. 63 (23).

Une petite Copie, au lavis, par S. Non.

Une Thèfe où fe voit S. François ; Paul. Pontius, n. 65 (32).

Autre de Philofophie ; Paul. Pontius, n. 66 (34) pièce en deux feuilles.

Autre où fe voit Louis XIII ; L. Vorfterman, d'après Corn. Schut, mais attribué à Rubens par Rob. Hecquet, & placé dans fon catalogue fous le n. 33 des Allégories.

Des Militaires en débauche ; Matham, épr. fans titre ni noms d'auteurs. Pièce du cabinet de Reynft.

La Vieille, le Soldat & la Segnora ; R. Perfyn, n. 67 (18).

Enfant portant des Fruits ; H. Schmitz, dix pièces.   F 4

Suite des Pieces d'après Rubens.

PORTRAITS.

407   Charles Quint ; attribué, pour la gravure,
à Luc. Vorsterman, sur une copie d'après
le Titien, n. 1 (30), sans nom de graveur.

Maximilien d'Autriche ; J. Suyderhoef,
n. 4 (26).

Le même, par L. Vorsterman, n. 5 (59).

Le même dans un ovale ; Pet. de Jode,
n. 6 *.

Gisberte de la Marche ; P. Van Schuppen, n. 6 (3).

Wladisla Sigismond ; Paul. Pontius,
n. 10 (34).

Anne d'Autriche ; J. Louys, n. 12 (28).

Charles d'Autriche; Pet. de Jode, n. 15
(51)

Philippe IV ; Paul. Pontius, n. 16 (14),
épr. avant la Moustache retroussée, & l'a-
dresse de G. Hendricx.

Elizabeth de Bourbon ; Paul. Pontius,
n. 17 (16).

Philippe IV & Elizabeth ; J. Louys,
n. 19 (18) & 20 (19).

Albert d'Autriche & Isabelle Claire Eu-
génie ; J. Suyderhoef, n. 25 (25) & 26
(5), quatorze pièces.

408   Albert d'Autriche & Isabelle son épouse,
par Jo. Muller, n. 27 * & 28 (11).

Les mêmes sur une seule Planche ; F.
Harrewyn, n. 29 * & 30 *.

Albert dit le Pieux ; Pet. de Jode,
n. 33 (58).

Suite des Pièces d'après Rubens.

Isabelle, infante en religieuse; Paul. Pontius, 36 (7).

Ferdinand à cheval, la Bataille de Nortlingen se voit dans le fond; Paul. Pontius, n. 38 (21).

Le même en buste; Susanna Silvestre, n. 39 *.

Le même à cheval, la Bataille de Nortlingen se voit dans le fond; Ant. Vander. Dees, n. 42 (20), Abr. Diepenbeke inv. se lit au bas de cette Planche.

Cosme de Médicis; Luc. Vorsterman, n. 43 (50).

Laurent de Médicis, par le même, n. 44 (53).
Léon X, par le même, n. 45 (52).

Isabelle d'Est, attribué pour la gravure à Vorsterman, sur une copie d'après le Titien, n. 47 (29); douze pièces.

409 P. P. Rubens, par Paul. Pontius, n. 48 (1); morceau cintré.

Une petite copie, sans lettre.

Rubens, sa femme & son fils, en manière noire, par J. Mac. Ardell, n. 52 *, deux épr. avant la lettre; quatre pièces.

410 Rubens en Buste, par W. Woollett, deux épr. avant & avec la lettre.

Deuxième femme de Rubens, buste par W. Elliot.

Femme de Rubens, en manière noire, par Rich. Earlom.

Les trois femmes de Rubens sous la

Suite des Pièces d'après Rubens.

figure des Graces ; J. Baptiſte Michel.

La mère de Rubens ; Math. Ernſt , ſix pièces.

411 Les enfans de Rubens, en manière noire, par P. J. Taſſaert, épr. avant la lettre.

Les mêmes jouant avec un chien, pièce en hauteur, par le même.

Fils de Rubens dans un fauteuil ; Salva-dor , n. 54 *.

Deux fils de Rubens ; J. Daullé, n. 55 *.

Le frère de P. P. Rubens en buſte ; Corn. Galle , n. 58 (4), cinq pièces.

412 Le Comte d'Arundel, par J. L. Krafft. Charles de Longueval ; Luc. Vorſterman , n. 61 (5) , épr. avant l'œil de la Providence dans le haut de la planche.

Gaſpar Gevaert ; Paull. Pontius, n. 66 (35).

Juſte Lipſe ; Corn. Galle, n. 67 (43).

Le Comte d'Olivarès ; Paul. Pontius , un tableau de Velaſquez, n. 70 (6).

Le même ; Corn. Galleus *jun.* 71 , (33).

Paracelſe , Médecin , vu en buſte ; P. Van Sompel , attribué à Rubens , n. 73 *.

Deux Religieux ; N. Lauwers, n. 74 (56) & 75 (57).

Autre Religieux ; N. V. D. Bergh, n. 76*.

Sfortia , n. 79 (54).

Spinola ; P. de Jode, n. 80 (39).

Emmanuel Sueiro ; Pet. de Jode, n. 81 (37).

Jean Van Havre ; C. Galle, n. 82 (47).

Suite des Pièces d'après Rubens.

F. J. Vander Linden ; N. V. D. Bergh,
n. 83 *.

Tête d'homme en taille de bois & clair
obscur ; Ch. Jeghers, n. 88 (62), seize
pièces.

413   Une Mère & ses Enfans, en manière noire,
par J. Mac. Ardell, n. 89 *

Femme vêtue en Espagnole ; Fr. Zucchi,
n. 91 *.

Femme, par Rubens, en manière noire ;
M. Ardell, n. 92 *.

Douze Portraits, hommes & femmes
de différens états ; morceaux attribués pour
la peinture à Rubens ; quatorze pièces.

ANTIQUITÉS ET TITRES DE LIVRES.

414   Quarante-deux Pièces, dont le Camée qui
se voyoit à la Sainte Chapelle, les bustes
de Platon & Séneque, n. 4 (14) & 5 (15),
les douze bustes de Philosophes & d'Em-
pereurs, n. 6 (43 des différentes suites
d'Hecquet), Titres de Livres, &c. sous
les n. 1, 8, 17, 19, 20, 30, 31, 33,
34, 37, 39, 45, 47, 56, 57, 73, 75
& 78 du catalogue de F. Basan seulement.

DIFFÉRENTES SUITES.

415   Vingt-trois morceaux représentant Jésus
Christ, deux Vierges, quatre Anges, douze
Apôtres & quatre Évangélistes, par S. a
Bolswert & C. Galle, n. 1 (3).

Suite des Pièces d'après Rubens.

Jéſus & les douze Apôtres, demi-figures; Nic. Ryckemans, n. 2 (6), épr. avant l'adreſſe d'Engels Koning ; trente-ſept pièces.

416   Les Plafonds de la ci-devant Égliſe des Jéſuites d'Anvers, par J. Punt; trente-ſept pièces, compris le titre ; plus, ſix des eaux fortes précédemment gravées, par J. de Wit, n. 6*; & vingt mor-ceaux compris le titre d'après les mêmes peintures, par J. J. Preiſler, n. 7.

417   L'Hiſtoire d'Achille, par Franc. Ertinger, huit pièces, n. 10 (9).

La même ſuite gravée à Londres , par B. Baron, neuf pièces compris un titre avec portrait, n. 11 (9); ces deux ſuites ſont placées à la fin du vol. qui contient la Galerie du Luxembourg.

418   Cinq ſujets de l'Hiſtoire de Decius, par les frères Andr. & Joſ. Schmuzer, n. 12 (11, 12, 13).

L'Hiſtoire de Conſtantin ; N. Tardieu, n. 13 (10); douze morceaux.

419   La Galerie du Luxembourg repréſentant les principaux traits de la vie de Marie de Médicis, femme d'Henri IV, avec les portraits de cette princeſſe, du grand duc, de la grande ducheſſe de Toſcane & de P. P. Rubens, par G. Edelinck, J. & B. Audran, G. Duchange, B. Picart, Car. Simoneau & autres; le ſujet des Deſ-tinées de la reine eſt avant la lettre :

plus , six morceaux doubles avant la lettre ou contre-épreuve ; en tout trente-une pièces au lieu de vingt-cinq dont cette suite doit être compofée ; 1 vol. in-fol. mar. r. n. 14.

420 Quatre Bas-reliefs , fujets fabuleux , par Theod. Van Keflel, n. 16.

Figures pour l'Entrée du prince Ferdinand dans Anvers en 1685 ; le titre par P. Néeffs, les autres par Th. Van Thulden , quarante-quatre pièces , n. 17 (15).

SUITES DE CHASSES ET PAYSAGES.

421 La Chaffe aux Lions, par S. à Bolfwert, n. 21 (19,28,18,17,23,22,21.20,26, 27, 25, 24), premier des douze Chaffes.
—Aux Lions & aux Tigres ; J. Suyderhoef, 2e.
—Au Lion & à la Lionne ; P. Soutman, 3e.
La même Compofition ; W. D. Leeuw, 4e. épr. avant l'adreffe de Corn. Van Merlen.
Chaffe au Loup , par Soutman, 5e.
La même Compofition ; W. D, Leeuw , épr, avant l'adreffe de Corn. Van Merlen , 6e.
La Copie du même fujet, par J. Troyen, mais de fens oppofé.
Chaffe au Sanglier ; P. Soutman , 7e.
La même Compofition ; W. D. Leeuw , 8e. épr. avant l'adreffe de Corn. Van Merlen

Chaſſe au Sanglier, de compoſition différente ; P. Soutman , 9ᵉ. cette pièce eſt
en deux feuilles.

—Au Sanglier de Calidonie ; Th. Van
Keſſel, 10ᵉ. épr. avant l'adreſſe de Corn.
Van Merlen , ſans nom de graveur.

—Au Crocodille & à l'Hippopotame ; P.
Soutman , 11ᵉ.

La même Compoſition; W. D. Leeuw.
12ᵉ.

422 Chaſſe aux Lions & aux Tigres, par J.
Moyreau, n. 22 (29).

Chaſſe de Diane ; Joſ. Goupy, n. 23 (30).

Chaſſe au Marcaſſin ; H. Winſtanley ,
n. 24 *.

Quatre Chaſſes, P. Martini & C. F. Le
Tellier; ces pièces ſont copiées d'après celles des n. 1 , 2 , 3 & 11 ci-deſſus décrites.

Chaſſe au Sanglier; J. Zaal , ce morceau
qu'on place à la ſuite des Chaſſes de Rubens , eſt d'après Fr. Sneyders ; huit pièces.

423 Les grands Payſages, ornés de ſujets hiſtoriques & fabuleux ; cinq par S. a Bolſwert ,
& un ſixième par Petr. Clöuet , n. 26
(32 à 35 compris).

424 Vingt Payſages & une Tempête, par S. a
Bolſwert ; la dernière qu'on joint à cette
ſuite, & qui fait le vingt-unième morceau ,
eſt d'après Van Artevelt ; la plupart de ces
pièces ſont avant la lettre, la treizième
eſt double avant & avec les figures, n. 27
(40), vingt-quatre pièces.

Suite des Pièces d'après Rubens.

Un Paysage ; P. Moitte, n. 27 * bis, même composition que celui du n. 7 de la suite des vingt-un ci-deffus.

Autre avec Retour de Marché, d'après un tableau du Cabinet de Cobenizel.

Un petit Paysage, dans un ovale; par J. Coelmans, n. 31 (38).

425 Le Livre à deffiner, vingt pièces, compris le titre, par Paul. Pontius, n. 33 (44).

Quatre feuilles de Lions ; A. Bloteling, n. 34 (45).

Deux feuilles de Lions & Léopards ; W. Hollar, n. 35 (45).

Combat de Dragons & de Serpent, 36 (45).

Lions at Play ; Will. Walker.

Quatorze Etudes de Têtes, par Caylus, une de deux Enfants, par J. Alberti, & vingt-deux morceaux, fujets facrés & profanes, &c. attribués, pour la compofition, à Rubens ; foixante-fept pièces.

SAENREDAM, (Jean) *Peintre & Graveur Hollandois, né en* 1637.

426 Les Vierges fages & folles, & le Curé à fa fenêtre, fix pièces compofées & gravées par ce maître.

SANDRART, (Joachim) *né à Francfort fur le Mein en* 1606, *mort à Nuremberg en* 1683.

427 Le Jour & la Nuit, & la Mort de Léandre ; les premiers morceaux par Jér. Falck & J. Suyderhoef, le troifième par Reg. de Perfyn.

SEGHERS, (Guerard) *né à Anvers en 1589, mort dans la même ville en 1651.*

428 L'Annonciation, le Retour d'Égypte, Jésus chez Nicodéme, le Christ à la Colonne, trois compositions differentes de de S. François Xavier & de S. Ignace de Loyola, p iant & écrivant en preference de la Vierge, S. Sébastien martyr, le Concert de Sainte Cécile & les Sept Pénitens, par S. a Bolswert, P. de Jode *junior*, Luc. Vorsterman, P. Pontius, Nic Lauwers, Jac. Neefs, &c. en tout onze morceaux.

429 Le Reniement de S. Pierre & le Sujet de la Tabagie, morceaux de demi figures & d'un grand effet, par S. a Bolswert & Nic. Lauwers.

SNEYDERS, (François) *né à Anvers en 1579, mort dans la même ville en 1657.*

430 Le Marchand de Poissons, Pièce en manière noire, par Rich. Earlom; épr. avant la lettre.

SPRANGER , (Bartholomé) *né à Anvers en 1546, mort à Prague.*

431 La Nativité, la Sainte Famille, le Christ mort soutenu par un Ange près du Sépulchre, les Saintes Femmes au tombeau, & différens sujets des amours des Dieux, par Pet. de Jode, Henr. Golzius. Gil. Sadeler, J. Muller, &c. en tout neuf pièces, deux font avant la lettre.

STEEN ,

STÉEN , (Jean) *né à Leyden en
1636 , mort dans la même ville en
1689.*

432 L'Ecole Hollandoife , & la Vifite du
Peintre, par Rich. Earlom & R. Read ;
pièces en manière noire & avant la lettre.

SWANEVELT , (Herman Van) *fur-
nommé Herman d'Italie , né en 1620 ,
mort à Rome.*

433 Quarante-un Payfages , Vues d'Italie &
autres , ornés de figures & animaux , compofés & gravés à l'eau forte par cet artifte.

TENIERS , (David) *dit le jeune , né
à Anvers en 1610 , mort à Bruxelles
en 1690.*

434 Quatre-vingt dix pièces , Fêtes de villages ,
Tabagies , Scènes familières , Payfages , &c.
foixante douze gravées à l'eau forte par
David Téniers , Coryn Boel , Fr. Van den
Steen , Fr. Van den Wyngaerde , &c. plufieurs des autres par Jac. Ph. Le Bas ; ces
dernières avant la lettre.

VELDE , (Jean Van den) *né à Leyden
en 1612.*

435 Le Bon Samaritain , la Magicienne , le fujet
dit de l'Etoile des Rois , & la Foire de
Campagne , compofés & gravés par ce
maître.

436 Le Chariot arrêté par des voleurs , différens
Payfages , &c. par le même & Ezias Van den
Velde , vingt-huit pièces.

VELDE, (Adrien Van den) *né à Amsterdam en 1639, mort dans la même ville en 1672.*

437 Huit Paysages & Chasses, par Jac. Ph. Le Bas, Ch. Weisbrod, Em. de Ghendt, &c. sept sont avant la lettre.

VISSCHER, ou DE VISSCHER, (Corneille) *Dessinateur & Graveur Hollandois, né vers 1620.*

438 Les quatre Evangélistes, sujets de demi-figures, inventés & gravés par Corn. Visscher, ainsi que les morceaux suivans, n. 10.

439 La Fricasseuse ou Faiseuse de gâteaux nommés Kouck ou Beignets, composition de cinq figures dans un intérieur rustique, n. 14, première épreuve avant le nom de Clément de Jonghe, auquel a succédé celui de Nicolas Visscher.

Nota. Les épreuves imprimées après la retouche, sont aussi sans noms d'éditeurs ; elles se reconnoissent aisément aux points employés pour empâter les chairs, principalement au front de la Fricasseuse : on observera aussi, qu'en effaçant le nom de l'éditeur, on a anticipé sur la partie d'ombre où est placé celui de l'auteur, & que cette place n'a pas été raccordée du même ton.

440 Le Marchand de Mort aux Rats & la Bohé-mienne, ou la Nourrice, n. 16 & 17.

441 Un jeune Garçon tenant une chandelle,

une jeune fille lui préfente une fouricière ;
fujet de demi figure & piquant d'effet,
connu fous le nom de la Souricière, n. 47 ;
plus, le chat accroupi derrière lequel eft
un rat, n. 51.

ULIET, (Jean ou Ifaac George Van)
Deffinateur & Graveur Hollandois du dernier fiècle.

442 S. Jérôme ou un Philofophe dans fon cabinet, le Charlatan, les Joueurs de cartes ;
huit fujets des Fantaifies & dix des Modes,
vingt un morceaux.

WAEL, (Corneille de) *né à Anvers en 1594.*

443 Différentes Scènes familières, compofées
& gravées par ce maître & d'après lui ;
plus, huit fujets de même genre, par Jean
Baptifte de Wael ; en tout foixante-douze
pièces.

WAGNER, (Jean George) *né à Drefde, mort à Meiffen en 1767.*

444 Douze Payfages, par J. C. J. Friedrich &
Rob. Daudet ; ceux du premier font colorés, & les autres avant la lettre ; plus,
quatre feuilles d'Animaux & Payfages à
l'eau forte, par J. M. Frey.

WATERLOO, (Antoine) *né à Utrecht en 1618, mort en 1660.*

445 Cinquante-fix Payfages, compofés & gravés à l'eau forte par ce maître.

200 *Eſt. en feuil. Écol. de Fl. de Holl. &c.*

WOUWERMANS, (Philippe).

446 Quatre Pièces, Halte & Départ de Cavalerie, eaux fortes par J. Viſſcher ; Bataille, Poſte près d'Anvers & Blanchiſſeuſe
Flamande, par Jac. Ph. Le Bas, J. Jac. Le
Veau & J. Mathieu ; celles des derniers
avant la lettre ; huit pièces.

ÉCOLE D'ANGLETERRE.

BARRALET, (J.   ).

447 La Chûte d'Agandecca & Fainaſollis Bor-
bar & Fingal, par J. Parker ; le ſecond
ſujet tiré du Poëme d'Oſſian , épreuve en
couleur ; la première pièce eſt avant la
lettre.

BUNBURY, (W. H.   ).

448 Le Cabaret de Village , les Glanneuſes ,
la Marchande de Lait & Lubin & Roſalie,
par J. Grozier, C. Knight, J. R. Smith
& R. S. Marcuard; quatre pièces.

449 Le Marchand de Campagne, les Recrues,
Viſite & Scène au Camp, par C. Knight,
Watſon & W. Dickinſon, & C. W. White;
quatre pièces.

450 Les Oyes de Frère Philippe, Entrevuë de
Charlotte & Werter, l'Attente, l'Amuſe-
ment, &c. par Th. Watſon, J. R. Smith,
P. W. Tomkins, épr. en couleur ; ſept
pièces.

CARTER, (George).

451 Combat entre les frégates la Surveillante
& le Quebec ; & Maria, par J. Caldwal
& J. R. Smith, épr. avant la lettre ; le
second morceau est en manière noire.

COSWAY, (R   ).

452 L'Amour & le Lion, Monimia, la Mère
racontant l'Histoire, &c. par P. Bettelini,
J. R. Smith, & C. W. Withe ; épr. en
couleur, plusieurs autres aussi en couleur
& doubles, en rouge & en bistre, dix
pièces.

DANCE, (N.   ).

453 Timon d'Athènes, par John. Hall, épr.
avant la lettre.

GAINSBOROUGH, (Thomas).

454 Le Berger, par Rich. Earlom, pièce dans la
manière noire, imprimée en couleur : plus,
Janvier & Mai, & la Fille de Bath ; par
Th. Gaugain, épr. en couleur ; trois pièc.

GARDNER, (D   ).

455 La Mère & ses Enfans, Circé, Maria,
Abélard & Heloïse ; pièces en manière
noire, par Tho. Watson ; les trois premiers
sujets doubles, avant & avec la lettre,
neuf morceaux.

456 L'Enfance, l'Affection, la Fidélité, Abélard, Héloïse, &c. par C. W. White, J.
Baldrey & Fr. Haward ; plusieurs sont avant
la lettre, & d'autres imprimées en couleur ;
douze pièces.

G 2

HAMILTON (William).

457 Pſiché, Flore & Zephir, deux ſuites des
Saiſons, (compoſitions différentes), Fon-
roſe & Adélaïde, Enfant nourriſſant les
Poules & les Canards, &c. par F. Haward,
les Facius, J. B. Michel, &c C. W. White,
W. Nutter, J. Ogborn R S. Marcuard & C
Knight; dix ſept pièces, quatre ſont doubles
& en couleur.

HARDING, (S.   ).

458 Floizel & Perdita, Damon & Phœbé,
Cymbeline, Miranda's & Ferdinand, Pre-
mière & ſeconde Leçon de l'Amour, la
Femme enchantée, le Tombeau de Fi-
dele, la Naiſſance de la Liberté en Amé-
rique, les Filles de Windſor, &c. par P.
W. Tomkins, J. Mar Delatre, J. Parker &
J. Ogborn ; onze piéces en couleur.

459 L'Heureux état, par J. Mar. Delatre, &
quatre morceaux doubles de l'article précé-
cédent, première Leçon de l'Amour, Femme enchantée & pendant, épr. en rouge.

MILTON, (   ).

460 Le Chien couchant, par Tho. Cook &
& Sam. Smith, épr. avant la lettre.

NORTHCOTE, (James).

461 Deux ſujets de Charlotte & Werter, la Petite Fruitière, Payſanne de Toſcane & pendant ; par C. Knight & Th. Gaugain, épr.
en couleur, trois ſont doubles en rouge ;
huit pièces.

OPIE, (J   )

462 Le Conte d'Hiver, pièce en manière noire; par Val. Green.

PAYE, (R. M.   ).

463 Enfans jouant aux Billes & à la Toupie, Pièces en manière noire, par Rob. Pollard.

PETERS, (William).

464 Sophie, Lidie, Clara & différens Sujets familiers, par J. Hoog, J. R Smith, J. Walker, &c. treize pièces au pointillé & en manière noire; six avant la lettre, & quatre en couleur; plusieurs sont doubles.

REYNOLDS, (Joshua).

465 Samuel, Una, l'Affection Maternelle, la Peinture, Réflexion sur Clarisse Harlow, par J. Mar. Delatre, F. Watson, W. Dickinson, Franc. Haward & Gab. Scorodoomoff; les trois premières en couleur, la suivante avant la lettre; sept pièces.

466 La Diseuse de Bonne aventure, cinq autres Sujets, Allegro, Hebé, &c. par J. K. Sherwin, Jac. Wafton, Jo. Jacobe, J. R. Smith & F. Okey; celles des derniers sont en manière noire; en tout six pièces, quatre avant la lettre.

RICHARDS, (J.   ).

467 La Fille du moulin, Scène de Comédie, gravée par W. Woollett, pièce dite le Petit moulin.

RYLAND, (William Wynne).

468 Soins maternels, Occupations domesti-
ques, Marianne, Narcisse & l'Enfance;
la première d'après Ch. Monnet, peintre
français, par Rob. Menageot; les autres dessinées & gravées par cet artiste, épr. doubles
en rouge & en couleur; onze pièces.

SANDBY, (P.   ).

469 Différentes Vues de Jardins & autres
lieux de la Grande Bretagne, gravées au
lavis & imprimées en bistre; neuf pièces.

SMITH, (Jhon Raphael).

470 L'Astrologue, Charlotte au Tombeau de
Werter, la Retraite, le Moraliste, Contemplation du Portrait, Amusement dans
la solitude, Fille pensant au mariage, la
Danse des trois Sœurs & Pendant, par
P. Simon, J. R. Smith, W. Ward, W.
Nutter, & J. Hoog, neuf pièces en couleur; dix autres sujets, Histoire gaie &
quelques épreuves doubles des pièces précédentes, en tout dix neuf morceaux.

SMITH, (George).

471 The Rural Cott, par W. Woollett, pièce
connue sous le titre de l'Hiver.

SPENCER, (   ).

472 Moment de l'Imagination, celui de la Réflexion, & l'Enfant trouvé, par Ch. W.
White & J. Gillray, épr. en couleur.

STOTHARD, (   ).

473 La Mort de lord Robert Manners, par

C. & J. K. Sherwin, épr. avant la lettre.

474 Léar & Cordélia , Charlotte vifitant le vicaire , Rasselas prince d'Abiſſinie , & Henri & Emma ; par J. Mar. Delatre, J. Ogborn, J. Parker & R. S. Marcuard ; cinq pièces, deux en couleur.

STUBBS, (George).

475 Shooting , par W. Woollett , première des quatre Chaſſes.

WEST , (Benjamin).

476 Jupiter & Sémélé , Pylade & Oreſte , par Tho. Cook & Jam. Baſire ; celle du premier eſt double avant & avec la lettre.

477 Agrippine pleurant ſur l'urne de Germanicus , l'Age d'or , l'Age d'argent , (ce dernier ſujet d'après H. Walton) par Val. Green & J. R. Smith ; pièces en manière noire , la première eſt avant la lettre : quatre pièces.

478 La Mort du général Wolff à la bataille de Québec en 1759, gravée par W. Woollett.

WILLISON, (G.   ).

479 Jupiter & Léda , & une Tête de jeune Fille, pièces en manière noire par Val. Green, épr. avant la lettre.

WORLIDGE, (Thomas). *né à Peterborough en 1700, mort à Hamershmith en 1766.*

480 Le Sacrifice d'Abraham , le Forgeron , le Mendiant & dix Portraits & Etudes de Têtes, deſſinés & gravés par ce maître

dans la manière de Rembrandt ; quatorze pièces.

WRIGHT, (Jof.   ).

481 Miravan , l'Expérience de Phyfique fur l'air , l'Etude d'après le Gladiateur , & la Boutique du Maréchal , fujets exécutés en manière noire , par Val. Green & W. Pether , épr. avant la lettre , quatre pièces.

ÉCOLE FRANÇAISE.

BAUDOUIN, (Pierre Antoine) *né à Paris, mort dans la même ville en* 1769.

482 Vingt-une Piéces, Scènes familières , par Nic. Delaunay , P. P. Choffard , J. B. Simonet , P. Eti. Moitte , Nic. Ponce , &c. épr. avant la lettre.

BENAZECH , (Charles).

483 La Liberté du Braconnier, par Fr. Rob. Ingouf *junior*, épr. avant la lettre ; plus , l'Eau forte de ce fujet.

BOURDON , (Sébaftien) *né à Montpellier en* 1616 , *mort à Paris en* 1671.

484 Rebecca , la Sainte Famille , (pièce dite la Laveufe) morceaux compofés & gravés à l'eau forte par ce maître & deux écr. terminées de ces Planches ; quatre pièces.

485 La Sainte Famille où S. Jean tient un Pigeon , (épr. avant la draperie) le Mariage

de Sainte Catherine, & le Christ mort, par P. Van Schuppen, Mich. Natalis & J. Boulanger; épr. avant la lettre.

CALLOT, (Jacques) *né à Nancy en 1593, mort dans la même ville en 1635.*

486 Le Massacre des Innocents, (épr. avant le nom de Callot), la Sainte Famille, (d'après Andr. del Sarto), le Benedicité, le Triomphe de la Vierge, deux compositions différentes de la Tentation de S. Antoine, le Miracle de S. Mansuet, les Martyrs du Japon, le Rocher, les Joueurs, &c. douze morceaux.

487 La Foire *de la Madona del Imprunetta,* près de Florence, *ex. Nancy,* le Jeu de Boule & l'Eventail, (orig. & copie), la Petite Treille, les Portraits de Côme II & de Claude Dervet, ce dernier double, avec différence; neuf pièces.

COYPEL, (Antoine) *né à Paris en 1661, mort dans la même ville en 1722.*

488 Moïse sauvé des Eaux, le Jugement de Salomon, Susanne & les Vieillards, Acis & Galathée, Toilette de Diane, &c. par Ger. & J. Audran, J. Bapt. de Poilly & Ch. Simoneau; neuf pièces.

DEBUCOURT, (Philibert Louis) *né à Paris en 1755.*

489 L'Escalade, la Cruche cassée, Annette & Lubin, Mariée & Fête de Village, le

Charlatan, &c. compofées & gravées au
lavis par ce maître, épr. en couleur ; le
Juge, d'après lui, par J. Jac. Le Veau;
huit pièc. avant la lettre.

DELAULNE, (Etienne) *connu fous
le nom de Sthephanus.*

490 Cent quatre-vingt-trois Sujets de la Ge-
nèfe, divers Traits hiftoriques & fabuleux, Batailles, Chaffes & Ornemens ; on
trouve dans ce nombre des morceaux d'a-
près L. Penni, & le Roffo ; le furplus eft
exécuté fur fes compofitions.

DE NON, (Dominique Vivant) *né
à Châlons fur Saône en 1740.*

491 L'Adoration des Bergers, les Pélerins
d'Emaüs, le Bal, les Lions, différens
fujets de Scènes familières, Fantaifies,
Etudes de Payfages & Tetes d'après Giordano, Barbieri, Van Dyck, Teniers &
autres ; le furplus fur fes compofitions,
vingt fix pièces.

DUVET, (Jean) *dit le Maître à la
Licorne, né à Langres, a travaillé
à Paris du tems d'Henri II.*

492 Trente-trois Sujets tirés de l'Apocalypfe
& du nouveau Teftament, Allégories,
Chaffes, &c. ces morceaux paroiffent
gravés fur étain.

FRAGONARD, (Jean Honoré) *né
dans le ci dev. Comté de Nice, en 1733.*

493 La Fontaine d'Amour, par Nic. Franç.

Regnault, épreuve avec la petite adreſſe.

494 Le Serment d'Amour & la Bonne Mère, par J. Mathieu & Nic. Delaunay, épr. avant la lettre.

495 Le Baiſer à la dérobée, le Verrou & le Contrat, par Nic. Fr. Regnault, & Maur. Blot, épr. avant la lettre.

496 L'Amour, la Folie, les Enfans du Fermier, l'Eſcarpolette & autres ſujets de Scènes familières, par Franç. Janinet, Jac. Fir. Beauvarlet *direxit*, Nic. Delaunay, &c. dix pièces la plupart avant la lettre; les deux premières au lavis imprimées en couleur.

497 Le tems orageux, par J. Mathieu.

GELÉE, (Claude) *ſurnommé le Lorrain, né en Lorraine en 1600, mort à Rome en 1682.*

498 Seize Payſages, compoſés & gravés à l'eau forte par ce maître & d'après lui, par Dom. Barriere ; on diſtingue dans ceux du Claude, l'enlèvement d'Europe & la Vue de *Campo Vaccino*; plus, les Eaux fortes du Sacrifice au Temple de Delos & Pendant, par Fr. Vivarès; & la Vue de *Ponte Mole*, par Th. Major; vingt morc.

499 Le Temple d'Apollon, par W. Woollett, èpr. ſur papier de ſoie, & avec la première inſcription.

JOUVENET, (Jean) *né à Rouen en 1644, mort à Paris en 1717.*

500 La Préſentation au Temple, l'Adoration

des Mages , la Guérison des Malades ,
les Vendeurs chassés du Temple , le Repas
du Pharisien , Élévation & Descente de
Croix , le *Magnificat* ou le Cantique de
la Vierge , Vénus chez Vulcain , Latone ,
Astyanax , &c. par Alex. Loir , L. Desplaces , Gas. Duchange , Henr. Sim. Thomassin , & J. Daullé ; douze pièces , quatre
sont avant la lettre.

LAGRENÉE jeune , (Jean Jacq. de)
né à Paris en 1739.

501   Différens Sujets sacrés & profanes , Jeux
d'Enfans , Ornemens , Frises de style antique & de genre étrusque , composés &
exécutés par cet artiste avec le moyen du
polytipe , à l'eau forte & au lavis ; on distingue dans ce nombre des morceaux d'a-
près Barbieri , Rembrandt & le Poussin ;
quarante-trois pièces.

LE BARBIER , (J. Jac. François) *né
à Rouen en* 1744.

502   Canadiens au tombeau de leur enfant , par
Fr. Rob. Ingouf *junior* , épr. avant la lettre.

LE BRUN , (Charles) *né à Paris en*
1619, *mort dans la même ville en*
1690.

503   Chute des Anges rebelles , Serpent d'airain & Massacre des Innocents , morceaux
de deux feuilles chaque , par Alex. Loir ,
Ant. Masson & Ger. Edelink ; autres par
les Audran , &c. huit pièces , dont une épr.

avant la lettre du morceau faisant la partie droite du sujet du Serpent d'airain, par Ant. Masson.

504 La Sainte Famille dite le Silence, Entrée de N. S. dans Jérusalem, Élévation en Croix, Christ mort, Martyre de Saint Etienne & de S. Pierre, S. Jean dans l'Isle de Pathmos (cette dern. avant la lettre), S. Charles & S. Louis en priere, par Nic. de Poilly, Ch. Simoneau, Ben. Audran, Eg. Rousselet, Eti. Picart le Romain, Franc. de Poilly & Ger. Edelinck; neuf pièces.

505 Défaite de Porus par Alexandre, gravée par Ger. Audran en 1678; pièce en quatre feuilles, épr. avec le nom de Goyton, imprimeur.

506 Les Batailles d'Alexandre, six moyennes pièces, par Jean & Benoît Audran; le sujet de la Famille de Darius, est avant la lettre.

507 L'Amour fixé (épr. double avant & avec la lettre), quatre pièces en treize feuilles, Peintures des Plafonds de Sceaux, de la Galerie de Versailles, &c. par Ant. Marcenay, Ger. Audran, Ch. Simoneau, & Ch. Nic. Cochin fils.

LE BRUN, (Louise Elizabeth Vigée) *née à Paris en* 1758.

508 Vénus liant les aîles de l'Amour, par Ch. Geor. Schultze, deux épr. avant & avec la lettre.

509 L'Innocence ſe réſugiant dans les bras de la Juſtice, & la Paix qui ramène l'Abondance, par Franc. Bartolozzi & P. Viel.

LE CLERC, (Sébaſtien) *né à Metz en* 1637, *mort à Paris en* 1714.

510 Le Parvulus, la Multiplication des Pains, le Temple d'Iſis (avec différences), les Sujets de la Pſyché, l'Académie des Sciences & des Beaux Arts, la Cérémonie d'Angeau & le Mai des Gobelins (ces deux derniers doubles & avec des différences), divers Sujets, Vignettes &c. compoſées & gravées par ce maître; cinquante pièces.

511 Les Batailles d'Alexandre, cinq petites pièces d'après Ch. Le Brun, & l'Expoſition de la Galerie des Gobelins, compoſées & gravées par Le Clerc; le Paſſage du Granique & le Sujet de la Famille de Darius, ſont doubles d'épreuves; l'une eſt avant la lettre, à l'autre la Femme aſſiſe à gauche du devant de la compoſition a l'épaule blanche.

LEMOINE, (François) *né à Paris en* 1688, *mort dans la même ville en* 1737.

512 Diane & Actéon, Hercule & Omphale, le même aſſommant Cacus, Andromède, Sacrifice d'Iphigénie, Continence de Scipion, &c. par W. Walker, L. Cars & J. Ch. Le Vaſſeur; vingt-trois pièces, ſept ſont doubles avant la lettre ou avec des différences.

LÉPICIÉ,

LÉPICIÉ, (Nicolas Bernard) *né à Paris en 1720, mort dans la même ville en 1784.*

513 *Le Quos Ego*, la Demande acceptée & le Repos, par J. Ch. Le Vasseur & Cl. Bervic; les deux premières sont avant la lettre.

LE SUEUR, (Eustache) *né à Paris en 1617, mort dans la même ville en 1655.*

514 Moyse sur les Eaux, Marthe aux pieds de Notre Seigneur, S. Paul à Ephèse, le Songe du Poliphile, &c. par B. Baron, Eti. Picart, & J. Bouilliard; quinze pièces.

MELLAN, (Claude) *né à Abbeville en 1601, mort à Paris en 1688.*

515 Saint Pierre Nolasque, porté par deux Anges, dans un cloître où l'on apperçoit cinq Religieux; pièce en hauteur, datée de 1627.

MIGNARD, (Pierre) *né à Troyes en 1610, mort à Paris en 1695.*

516 La Peste d'Eaque sous le règne de David, la Vierge dite aux Raisins, la Circonci-sion, &c. par Ger. Audran, J. L. Roul-let & L. G. Scotin; la Peste est avec la Junon & la première inscription au bas de la planche, le second sujet est avant la lettre; quatre pièces.

517 Les Saisons, le Plafond des petits apparte-mens de Versailles, celui du Val de grace,

(en ſix feuilles), la Famille de Darius, (deux feuilles), & quinze morceaux d'après les Peintures du château de Saint Cloud, &c. par J. Bapt. de Poilly, Ger. Audran, Ger. Edelinck, & P. Drevet.

PEYRON, (Jean François Pierre) *né à Aix en* 1741.

518 Socrate entouré de ſes diſciples, prêt à prendre la ciguë, prononce ſon diſcours ſur l'immortalité de l'ame; ſujet compoſé & gravé par cet artiſte en 1790, épreuve avant la lettre.

PICART, (Bernard) *né à Paris en* 1637, *mort à Amſterdam en* 1733.

519 Le Maſſacre des Innocens, les Epithalames, la rue Quincampoix, Titres & Vignettes pour différents ouvrages, compoſés & gravés par cet artiſte, & quelques ſujets d'après Le Pouſſin, Le Sueur & Coypel; quarante-deux pièces.

POUSSIN, (Nicolas) *né à Andely en Normandie, l'an* 1594, *mort à Rome en* 1663.

520 Sacrifice de Noë au ſortir de l'Arche, la Peſte de Dagon, le Jugement de Salomon, Moyſe expoſé & ſauvé des eaux du Nil, près de Memphis; le même foulant aux pieds la couronne de Pharaon, Aaron & les Magiciens, Adoration du Veau d'or, le Frappement du Rocher, (ces deux derniers ſujets de compoſitions différentes).

Suite des Pièces d'après Le Poussin.

la Manne & l'Evanouissement d'Esther ;
par J. Jac. Frey, J. Baronius, Guil. Château, Cl. Bouf. Stella, Alex. Loir, Eti.
Baudet, Fr. & J. Bapt. de Poilly & J.
Pesne. Le sujet d'Esther gravé par ce dernier, est avant la lettre ; quatorze pièces.

521   L'Annonciation, la Nativité, la Fuite en
Egypte, différentes compositions de la
Sainte Famille, N. S. & la Samaritaine ;
La Guérison des Aveugles de Jéricho, le
Grand Calvaire, deux sujets du Christ
mort, l'Assomption de la Vierge, &c. par
J. Pesne, P. Lombart, Eti. Baudet, Franc.
de Poilly, Guil. Château & Cl. Bouf.
Stella ; vingt-cinq pièces.

522   Les Sept Sacremens, d'après les tableaux
qui se voyoient en France dans la collection
d'Orléans ; par J. Pesne, sujets gravés en
deux feuilles chaque ; ceux du Mariage &
de l'Extrême Onction font avant l'adresse
de Ger. Audran.

523   Mort de Saphire, Paul & Jean guéris-
sant le Boîteux, le Martyre de S. Eras-
me, le Ravissement de S. Paul, Sainte
Catherine, Martyre de Sainte Cécile,
Sainte Thérèse, &c. par J. Pesne, Cl.
Bouf. Stella, Jos. Mar. Mitelli, J. Cou-
vay, Fr. Chauveau, Car. Baroni & Eti.
Gantrel ; neuf pièces.

524   Enfance de Jupiter, Léda, le Triomphe
de Vénus ; cette Déesse avec Mars, Adonis & Énée, l'Empire de Flore & différens

Sujets de Bacchanales, par Guil. Château, L. de Châtillon, J. Peſne, P. Tanjé, Alex. Loir, & Ger. Audran ; onze pièces.

525 Pyrrhus enfant souſtrait à la fureur de ſes ennemis, Romulus & Rémus trouvés par les Bergers, l'Enlèvement des Sabines, Camille & le Maître d'Ecole, La Charité Romaine, Mort de Germanicus, Teſtament d'Eudamidas, Renaud & Armide, Image de la Vie humaine, &c. par Ger. Audran, Cl. Bouf. Stella, Math. Pool, J. Peſne, Guil. Château, A. Marcenay, & B. Picart ; treize pièces.

526 Le Temps délivrant la Vérité des inſultes de la Colère & de l'Envie, & la rendant à l'Éternité, par Ger. Audran, épr. avant la draperie qui s'y trouve légerement indiquée à l'encre.

527 Huit grands Payſages ornés la plupart d'Epiſodes fabuleux & hiſtoriques, Sujets de Poliphème, Eurydice, Diogène, Corps de Phocion porté hors du pays d'Athènes, &c. par Eti. Baudet ; plus, quatre moyens Payſages hiſtoriés, par L. de Châtillon ; douze pièces.

528 Caryatides, Bas-reliefs, Sujets des Travaux d'Hercule, &c. par J. Peſne ; dix-huit pièces.

RAOUX, (Jean) *né à Montpellier en* 1677, *mort à Paris en* 1734.

529 Télémaque dans l'Iſle de Calypſo, par Jac. Firm. Beauvarlet, épr. avant la lettre.

530 Angélique & Médor, différens Sujets de

Sacrifices & Scènes familières, par Nic.
Delaunay, Ch. Dupuis, P. Hen. Jonxis,
&c. six pièces, la plupart avant la lettre.

RESTOUT, (Jean) *né à Rouen en
1692, mort à Paris le premier
Janvier 1768.*

531 L'Agonie de Notre Seigneur au Jardin
des Oliviers, les Adieux d'Hector &
d'Andromaque, par P. Drevet, & J. Ch.
Le Vasseur.

ROBERT, (Hubert), *ne à Paris
en 1735.*

532 Ruines de Monumens d'Italie, *à la Villa
Madama*, aux Palais de Jules & de Médicis, le Pont des Sphinx, par Fr. Janinet,
P. Ant. Martini, &c. celles du premier,
exécutées au lavis, épr. doubles avant &
avec la lettre, imprimées en couleur ou
en bistre; onze pièces.

VANLOO, (Carle André), *ne à
Nice en 1705, mort à Paris en
1765.*

533 Agar présentée à Abraham, le Mariage
de la Vierge, la Fuite en Égypte, la
Nativité, la Résurrection de N. S., Sainte
Geneviève, &c. par L. Desplaces, Ch. Du-
puis, L. Cars, Salvador Carmona, &
J. Balechou; quatorze pièces.

534 Jupiter & Antiope, le Triomphe de
Silène, l'Amour, les Graces, Énée portant son père Anchise, &c. par Eti. Fessard,

L. Lempereur, Rob. Strange, C. de Mechel, J. Jac. Paſquier & Nic. Dupuis; Douze pièces.

535 La Lecture & la Converſation Eſpagnoles, par Jac. Firm. Beauvarlet, épr. avant la lettre.

536 La Confidence & la Sultane, les Baigneuſes, & Lat. de Clairon dans le rôle de Médée, par Jac. Fir. Beauvarlet & L. Lempereur; les trois premiers Sujets ſont avant la lettre.

537 Les Arts, le Concert du Sultan, le Bacha faiſant peindre ſa Maîtreſſe, la Chaſſe à l'Ours, le Corps-de-Garde, &c. par Eti. Feſſard, C. A. Littret, Ber. Lépicié, J. Jac. Flipart & J. Ch. François, celle du dernier eſt gravée à l'imitation du crayon; vingt-une pièces, ſix avant la lettre.

538 Etudes de Figures nues & drapées, Têtes, &c. exécutées en manière de crayon, & à l'eau forte, par J. Ch. François, Gil. & Ant. Demarteau, Eti. Feſſard, Jac. Ph. Le Bas & autres; cinquante-deux pièces.

VIEN, (Marie Joſeph), *né à Mont-pellier en* 1710.

539 La Chaſte Suſanne, l'Enlévement d'Europe, jeune Corinthienne, vertueuſe Athénienne, Offrande à Cérès & à Vénus, &c. par Jac. Firm. Beauvarlet & J. Jac. Flipart, épr. avant la lettre; huit pièces.

540 Dédale & Icare, par J. G. Preiſler, épreuve avant la lettre.

541 La Marchande d'Amour ; par Jac. Firm.
Beauvarlet, épr. avant la lettre.

WILLE fils (Pierre Alexandre) *né à
Paris en 1749.*

542 La Nôce de Village & le Repas des Moif-
fonneurs, gravées au lavis par Franc. Janinet, deux épreuves doubles avant & avec
la lettre, & imprimées en couleur.

ESTAMPES EN FEUILLES

DE DIFFÉRENTES ÉCOLES.

543 Dix - huit Sujets facrés & profanes, par
Franc. Aquila, Ant. Briccio, Ber. Capi-
telli, J. Jac. Avril & autres, d'après Ant.
Allegri da Correggio & Albano.

544 L'Annonce aux Bergers, N. S. arrêté au
jardin des Oliviers, les trois morceaux dits
les Cuifines, & les Saifons, d'après Jacopo
da Ponte, dit le Baffan, par Rob. Picou &
les Sadeler, autres d'après Baccio Bandinelli & Mich. Amerighi ; trente-fix pièces.

545 La Réfurrection du Lazare, N. S. conduit
par les Juifs, la Mort de S. Jérôme, les
Evangéliftes, le Char de l'Aurore, & un
fujet de Tancrede, d'après Barbieri, par
Dom. Viv. De non, & Gio. Bat. Paf-
qualini ; cinquante Etudes de Sujets, Figures & Payfages, la plupart à l'imitation
du deffin, par les mêmes, Bifemont, Ch.

Knapton, Art. Pond, &c. soixante-quatorze morceaux.

546 Vingt-une pièces d'après le même, P. Berettini, Bianconi, Gio. Bat. Cipriani, &c. par Franc. Spierre, P. W. Tomkins, R. S. Marcuard, J. Mar. Delatre; plusieurs de celles des dernieres, doubles & imprimées en couleur.

547 Les Saintes Femmes au tombeau, S. Jérôme, Jupiter & Léda, d'après Ann. Carracci & P. Caliari Véronèse, par J. L. Roullet, Luc. Voisterman, & Aug. de S. Aubin; celle de ce dernier est avant la lettre, & vingt-sept morceaux, la plupart à l'eau forte, par Fr. Aquila, Ces. Fantetti, Carlo Maratti, M. Marrebeeck, Carlo Sacchi & autres; trente pièces.

548 Joseph & Putiphar, David tenant la tête de Goliath, & la Nativité, d'après Dom. Feti, Carl. Cignani, Seb. Conça, par J. Jac. Frey, Gius. Camerata; autres d'après Ber Castelli, Gio. Bat. Cignaroli, L. Civoli, Bat. Franco, Ph. Gherardi, &c. vingt-sept pièces.

549 Quarante-cinq Sujets de l'Histoire Sacrée & Profane, Costumes, &c. dessinés & gravés à l'eau forte par J. David de Genes; quelques morceaux sont d'après Giul. Pippi & And. Mantegna.

550 Parabole de N. S., S. Pierre sur les Eaux, un Episode de la guerre de Troyes, &c. d'après Lambert, Gio. Lanfranchi & Gior. Mantvano; on remarque dans le surplus,

des Vues de Venife, d'après Mich. Mariefchi ; vingt-huit pièces.

551 Différentes Ruines, d'après Gio. P. Pannini,
par Jof. Seb. Muller & Franc. Janinet ;
celles du dernier gravées au lavis, imprimées en couleur ; plufieurs fujets d'apres L.
Pafinelli, Math. Preti, Luc. Penni, Franc.
Mola, &c. vingt-huit pièces.

552 Dix Sujets & Etudes de Têtes, d'après
Gio. Bapt. Piazetta, la plupart par Marc.
Pitteri.

553 Allégories, Etudes de Bas-reliefs, Vafes,
&c. d'après Franc. Primaticcio & Polidoro
da Caravaggio, par Ch. Alberti, Giul. Bonafoni & Gior. Mantuano; trente-fix pièces.

554 Vingt neuf Pièces, fujets facrés & profanes,
d'après Raffaello Sanctio d'Urbino, par
Marc. Antonio, Agoftino Véneziano, Giul.
Bonafoni, Stephanus, Corn. Bloemaert,
Luc. Vorfterman, Nic. Dorigny & autres.

555 Treize Pièces d'après Guido Reni & autres,
Fuite en Egypte où un Ange parfeme de
fleurs le chemin de la Sainte Famille, par
Franc. de Poilly, &c.

556 Vingt-deux Pièces, Sujets facrés & profanes, la plupart d'après Fr. Solimene, Tiziano & Gio. Bapt. Tiepolo.

557 Le Combat des quatre Cavaliers, d'après
Leonardo da Vinci, par Ger. Edelinck.

558 L'Annonciation, la Communion de S.
Jérôme, Martyres de S. André & de Sainte
Agnès, le Rofaire, &c. d'après Dom. Zam-
pieri, par Cl. Duflos, Gius. Cef. Tefta,

Nic. Dorigny & Ger. Audran; vingt Pièces.

559 S. Bruno en prière, une Aſſemblée de Chartreux, Griffin & Johnſon, la dernière par P. Van Bleeck, les deux autres d'après Bertholet Flemael, par Mich. Natalis; pièces.

560 Trente-huit Pièces, Sujets groteſques, Payſages & autres, d'après les Breughel.

561 Moïſe tenant les Tables de la Loi, deux différentes Compoſitions de la Sainte Famille, S. Jérôme, la Madeleine, &c. d'après Champagne, par Rob. Nanteuil, Ger. Edelinck, Nic. Pitau & autres; neuf pièces.

562 Quarante-deux Sujets ſacrés & profanes, d'après Abr. Diepenbéke, Ant. Van Dyck & autres, par Sch. a Bolſwert, P. de Bailliu, Pet. de Jode, &c.

563 Cinq Pièces, Vues d'Oſtende, d'après O. Le May, par L. J. Maſquelier, &c. trois ſont avant la lettre.

564 L'Enfant Prodigue, d'après Karle-Van Mander, par Jac. De Gheyn, & douze morceaux d'après le même, P. P. Rubens & autres, Sujets ſacrés & profanes, Buſtes de Philoſophes, &c. vingt pièces.

565 Les deux Avares, d'après Quin. Meſſis, pièce en manière noire par Rich. Earlom; épr. avant la lettre.

566 Quarante Pièces, la plupart d'après Th. Van Thulden; Hérodiade, ſuites d'Apôtres, & Sujets de Sainteté, par Quirin. Marck, P. de Bailliu, &c.

567 Trente-deux Pièces d'après D. Téniers,

Mart. de Vos, Adr. Vander Werf & autres.

568 Vingt Pieces d'après Corn. Bega , Nic. Berghem , J. Both , de Boys , Reini. Brakenburg ; par J. Viſſcher , Jac. Matham & Rob. Daudet.

569 Dix huit Pièces , la plupart par Nic. de Bruyn , ſujets de l'ancien & du nouveau Teſtament , &c.

570 Gérard Douw jouant du violon , la double Surpriſe & la Fleuriſte , d'après Gér. Douw, par Fr. Rob. Ingouf , Jac. Firm. Beauvarlet & Ant. Marcenay , épr. avant la lettre ; Jeux d'Enfants d'après Van Eckhout , par Mich. Moſyn , &c. ſeize pièces.

571 La Vierge préſentant le ſein à l'Enfant Jéſus . Alexandre chez Apelles & une Tête de Négre ; d'après Gov. Flinck , par C. Van Dalen *junior* , & J. G. Muller , celle de ce dernier eſt avant la lettre ; dix-ſept pièces.

572 Le Repas du Mauvais Riche , d'après Seb. Franck , par Jac. Matham.

573 Prémices de l'Amour Propre , d'après Gonzales Coques , par Ch. Macret ; deux épr. avant & avec la lettre.

574 Différens Sujets , par Jac. de Gheyn , & Criſpin de Pas ; Angélique & Médor , d'après Corn. de Harlem , par J. Saenredam , &c. trente pièces.

575 Le Marché aux Herbes d'Amſterdam , & *the muſical Lady* , &c. d'après Gab. Metzu , par An. Franc. David & Jac. Watſon , épr. avant la lettre , celle du ſecond eſt en manière noire ; onze pièces.

576 Quarante Pièces, Sujets & Paysages d'après Ad. Pynacker, Corn. Poelenburg, Jac. Ruysdaal, J. Sandrart, J. Steen, &c. plusieurs gravées par Jac. Ph. Le Bas, sont doubles avant & avec la lettre.

577 Tarquin & Lucrece, la Ménagère Nort-Hollandoise, d'après W. de Ryck & Van-Tool, par J. Smyth & P. G. Langlois; la première est en manière noire, l'autre double, avant & avec la lettre; six pièces.

578 Les Joueurs de Cartes, d'après Corn. de Vos, par Alex. Voet *junior*; vingt-sept Pièces d'après J. Bapt. Wéeninx, Ph. Wouwermans & autres.

579 Onze Pièces d'après P. Van Rhyn Rembrandt, Ad. Van den Velde, Corn. Visscher & autres maîtres hollandois; gravées à l'imitation du dessin, par Amstel. Van Ploos.

580 La Partie de Plaisir, d'après J. Bapt. Wéeninx, par Nic. Delaunay, épr. avant la lettre

581 La Mort d'Abel, d'après Adr. Vander Werf, par Car. Porporati.

582 Le Petit Jour, la Complaisance Maternelle, le Soldat en Semestre & le Négociant ambulant; d'après S. Freudeberg, par Nic. Delaunay & Fr. Rob. Ingouf, épr. avant la lettre; treize autres Sujets & Paysages d'après Baader, Brandt, Ch. W. Ern. Dietricy, P. Ferg, &c.

583 Guillaume Tell, la Suppression des Ordres Monastiques en Allemagne, & la Caverne

des Voleurs, d'après Fuessli & L. de France de Liége, par Ch. & C. G. Guttenberg & de Paroy, épr. avant la lettre ; celle du dernier gravée au lavis & imprimée en couleur.

584 Quarante-cinq Pièces, Sujets Fabuleux, Scènes Familières, Jeux d'Enfans, Payſages & Etudes, d'après J. G. Glume, Jac. Ph. Hackert, Joſ. Heintz, Corn. Holſtein, J. Hormans, Ferd. Kobel, Lamb. Krahe, & autres, par Luc. Kilian, Michel Moſyn, N. Colibert, &c.

585 Treize Sujets de Scènes Familières, d'après Nic. Lavreince, par J. Couché, Franc. Dequevauvillier, Vinc. Mar. Langlois, Franc. Janinet & Ger. Vidal, épreuves avant la lettre ; celles de Janinet, au lavis, imprimées en couleur.

586 Trente Pièces, Sujets, Payſages, Marines & Etudes, par Jac. Ph. Louterbourg, & d'après lui par N. Colibert, Fr. Joſ. Foulquier & Sam. Smith ; celle de ce dernier offre une Tempête, l'épr. eſt avant la lettre.

587 Neuf Pièces d'après Mearus, Fred. Meyer, Gaſ. Netſcher & J. Rottenhamer ; Jugement de Pâris, Diane & Actéon, Danſe de l'Ours & Pendant, &c. par P. Viel, Jac. Firm. Beauvarlet, D. Née, & C. & H. Guttenberg, épr. avant la lettre.

588 Quatorze Pièces d'après Adri. Van Oſtade, Joſ. Eti. Ridinger, par J. Viſſcher, &c.

589 Dix Pièces d'après God. Sckalken, Fred.
Schall & J. E. Schenau ; Sujets de Geneviève de Brabant, par Aug. Legrand,
&c.

590 Vingt-sept Sujets Sacrés & Profanes, Pay-
sages, &c. par P. Schenk, & d'après Mart.
Schmit, C. G. Schutz, P. Troger, J. Geor.
Wille, &c. plusieurs gravées par Ferd.
Landerer, C. Guttenberg & J. L. Zeu-
tener.

591 Soixante-dix petites Pièces, Suites d'A-
pôtres, Emblêmes, &c. gravées en bois,
par C. Van Sichem ; quatre-vingt-treize
autres Sujets Sacrés & Profanes, la plu-
parts composés & gravés par Moïse Wtten-
broeck, & Wierix ou Vierx, cent soixante
trois morceaux.

592 La Naissance de Vénus, Diane & Actéon,
les Enfans dans la Forêt, Palemon &
Lavinia, d'après Jam. Barry, P. Berchet,
J. H. Benwell & W. Bigg, par les Facius, J. Smyth, W. Sharp & W. Lymne,
& R. Read, onze pièces ; le second Sujet
est en manière noire, plusieurs des autres
doubles en couleur ou en rouge, &c.

593 Zelia au Temple du Soleil, Edwin &
Angelina, le Cauchemar, d'après Drax,
Jo. Flakman, & H. Fusley, par P. W. Tomkins, Rob. S. Marcuard & T. Burke, &c.
quinze pièces.

594 Pierre le Sauvage, trouvé en 1745, par
George Premier, dans la forêt d'Heren-
hawsen en Allemagne, d'après L. Falconet,

en manière noire , par Val. Green , épr.
avant la lettre ; Vues d'Italie & d'Angleterre , au lavis , par Ar. Robertſon
& P. Sandby , d'après Fabris , &c.

595 Tobie , Pièce en manière noire , par J.
Wilſon , épr. avant la lettre; autres Sujets
par Th. Harmar, Mango, &c. onze pièces,
pluſieurs ſont doubles.

596 La Marchande de Salade , Sophie Weſ-
tern , Orgar & Elfrida , Roſalind & Cecilia
& Pendant, d'après J. Hoppner, J. Jefferys
& W. Lawranſon , par W. Ward , J. R.
Smith , R. S. Marcuard , P. W. Tomkins,
&c. huit pièces , la plupart en couleur.

597 La Belle Trompeuſe , Lavinia & ſa Mère,
Suſanne & Oſmund , & deux Sujets de
Griſelda , d'après G. Morland , L. H. Ram-
berg & J. E. Rigaud , par E. J. Dumée,
P. W. Tomkins , Rob. S. Marcuard & B.
Paſtorini ; treize pièces , la plupart en
couleur.

598 Femme jouant du Tambour de Baſque ,
d'après G. Romney , en manière noire ,
par Rob. Dunkarton , & différens Sujets
de Scène Familière , par Th. Burke , J.
M. Delatre , Rob. S. Marcuard , C. W.
White , &c. treize pièces.

599 Dix Sujets & Têtes , par J. M. Delatre ,
J. K. Sherwin & autres; pluſieurs doubles
& en couleur.

600 La Marchande de Ceriſes , d'après H.
Walton , en manière noire, J. R. Smith,
épr. avant la lettre , &c. trois pièces.

601 Vénus & Cupidon, Angélique & Médor, Roméo & Juliette, d'après B. West, par Facius, J. B. Michel, Gab. Scorodoomoff, &c. la plupart en couleur, huit pièces.

602 Deux Batailles Navales & une Allégorie sur la Guerre de l'Amérique, d'après Rob. Dodd & J. Dixon, par Fr. Chesham, &c. les premières sont avant la lettre, & la troisième en manière noire.

603 Soixante-douze petits Sujets & Têtes, par Chesham, Clarke, Dickinson, Marcuard, Pastorini, Picot, Scorodoomoff, Walker, White & autres; plusieurs doubles avant la lettre, d'autres imprimées en couleur.

604 Mariage Rompu & Conclu, Adieux de la Nourrice, Amour Paternel, &c. d'après Eti. Aubry, par Rob. Delaunay, J. Ch Le Vasseur, &c. épr. avant la lettre; vingt pièces.

605 Quarante quatre Morceaux, Sujets, Paysages & Etudes de Figures, d'après Nic. Bertin, Jac. Blanchard, J. Bertaux & Ed. Bouchardon; Triomphe de Bacchus, celui d'Amphitrite, Fêtes Lupercales, par Eti. Fessard, &c.

606 Soixante-dix Pièces; Sujets Historiques & Fabuleux, Pastorales, Paysages, &c. d'après Franc. Boucher, par Jac. Firm. Beauvarlet, J. Daullé, Rob. Gaillard, Franc. Janinet, L. Lempereur, P. Eti. Moitte, &c. la plupart des épr. sont avant la lettre.

La

607 La Foire de Florence, par Jac. Callot, & sept Pièces d'après L. de Boullongne. Sebas. Bourdon, & Mich. Hon. Bounieu

608 Sept Sujets fabuleux & autres, d'aprè Ph. Caresme & Jac. Charlier, par J. L. Anselin, J. Couché & Franc. Janinet, épr. avant la lettre; celles du dernier gravées au lavis, imprimées en couleur.

609 La Femme adultère & la Magdeleine chez le Pharisien, d'après Nic. Colombel, par Cl. Duflos & Michel Dossier; seize autres Sujets & Paysages, d'après Franc. Casanova, Jac. Cazes, Sim. Chardin, Jac. Christophe, &c.

610 Licurgue blessé dans une sédition, & l'Enlévement des Sabines, d'après Ch. Nic. Cochin fils, Pièces en manière de crayon, par Gil. Demarteau, Th. Eleo. Hemery Femme Lingée, épr. avant la lettre; la première est double avec la lettre, mais avant la réception.

611 Deux Vues du Port & de la ville de Rouen, d'après le même, sous la direction de Jac. Ph. Le Bas & P. Ph. Choffard, épr. doubles avant & avec la lettre.

612 Douze Pièces, Sujets & Vues d'après De l'Espinasse, P. Ant. De Machy, Franc. De Troy, L. Durameau & autres, par Jac. Firm. Beauvarlet, J. Daullé, J. Bertault, Varin frères, &c. plusieurs des épr. sont avant la lettre.

613 Geneviève de Brabant vouée à la mort, & la Fuite à dessein, d'après la Citoyenne

I

Gérard & J. H. Fragonard, par Aug. Legrand & Ch. Macret, la ſeconde eſt avant la lettre ; dix autres morceaux d'après ch. Eiſen , &c.

614. La Prêtreſſe compatiſſante , & la Correction conjugale , d'après A. E. Giblin , par Car. Porporati & L. Valperga ; la première compoſition eſt gravée en manière noire , l'épr. de la ſeconde eſt avant la lettre ; plus, deux Sujets , l'un hiſtorique & l'autre allégorique, par Joſ. Fratrel.

615 Vingt-deux Pièces , Scènes familières, d'après J. Bapt. Greuze, J. Bapt. Huet , Cl. Hoin & autres ; Malheur imprévu, Fille confuſe , Pareſſeuſe & Pendant, par Rob. Delaunay , les deux Ingouf & P. Eti. Moitte, épr. avant la lettre , &c.

616 Tancrède & Clorinde, & les Géorgiennes au bain, d'après L. J. Franc. de Lagrenée, & Laur. de La Hire, par Jac. Firm. Beauvarlet & Fr. Godefroy, épr. ayant la lettre ; onze autres Sujets, Marines & Payſages, d'après G. La Croix, J. Jouvenet , &c.

617 Vue intérieure de la ville de Conſtantinople, d'après J. Bapt. Hilair, par J. Mathieu , épr. avant la lettre, Planche deſtinée à orner le ſecond vol. du Voyage de la Grèce.

618 Vingt-deux Pièces , Sujets & Payſages , d'après J. B. Lallemand, L. De Larue, Ch. Le Brun, Fr. Le Moine, L. Le Nain, P. Lenſant , &c.

619 Diane au bain, le Songe de Poliphile &

les Délices de l'Eté, d'après Ch. Metay,
J. Bapt. Le Prince, Euf. Le Sueur, &c.
par P. Viel, J. Bouilliard, A J. B. Lienard; feize autres Morceaux d'après Nic.
Loir, Fr. Guil. Menageot, &c.

620 Dix Sujets fabuleux & Scènes familieres,
par Ger. Vidal & autres, d'après Ch.
Monnet, épr. avant la lettre.

621 Mort de d'Affas, dernieres paroles de J. J.
Rouffeau, &c. d'après J. Mar. Moreau,
par J. Bapt. Simonet & Henr. Guttenberg;
quatorze pièces avant la lettre.

622 Vingt-deux Pièces, Cérémonies, Fêtes
publiques & Coftumes français, par J.
Mar. Moreau, & d'après lui par différens graveurs; la plupart des épr. font
avant la lettre.

623 Adam & Eve, le Chafte Jofeph, Vues
des Ports de Cadix & de Lisbonne, Re-
vue de Troupes, &c. d'après Ch. Natoire,
J. Marc Nattier, J. Noël & Le Paon,
par J. Jac. Flipart, Jac. Firm. Beauvarlet.
Allix & Jac. Ph. Le Bas; vingt-trois pièces,
les deux Ports font avant la lettre.

624 Quarante-trois pièces, Sujets, Vignettes,
Études de Figures & Payfages, d'après
Jof. Parrocel, J. Bapt. Mar. Pierre, J. Pille-
ment, &c. plufieurs par J. Lo. Roullet,
L. Lempereur, W. Woollett, &c.

625 Quinze Sujets facrés & profanes, la plupart
d'après Nic. Pouffin, par Fr. de Poilly,
Cl. Bouf. Stella & J. Pefne.

626 Trente Pièces d'après J. Bapt. Regnault,

An. Renou, S. Quentin, J. Bapt. Santerre, L. Teſtelin, &c. Sujets divers, Bas-reliefs & Ornemens.

627 Les Joueurs, d'après Le Valentin, par Cl. Don. Jardinier, épreuve avant la lettre, & différens Sujets ſacrés & profanes, d'après C. Vanloo & autres; dix - neuf pièces.

628 Treize Marines & Payſages, d'après Joſ. Vernet, par Jac. Aliamet, J. Jac. Le Veau, Ber. Ant. Nicolet &c. huit ſont avant la lettre.

629 Dix-neuf Pièces, Sujets hiſtoriques & Scènes particulières, d'après Fr. Verdier, Eti. Villequin, S. Vouet, Ant. Watteau & P. Alex. Wille; par Nic. Pitau, P. Daret, Nic. Dorigny, L. Lempereur, L. J. Cathelin, &c.

630 Vingt-huit Pièces, Sujets fabuleux, Paſtorales, Scènes familières & Têtes; gravées au lavis & à l'imitation du paſtel, par G. Demarteau, L. Mar. Bonnet, Fr. Janinet & autres; elles ſont imprimées en couleur, la plupart doubles, avant & avec la lettre.

631 Vingt deux Pièces de même genre, Ruines & Payſages en couleur, par Fr. Janinet, Ph. L. Debucourt, Ch. Mechel, Ch. Melch. Deſcourtis & autres; pluſieurs ſont doubles avant & avec la lettre.

632 Quarante-huit Morceaux, (Sujets & Payſages), la plupart par les mêmes; autres par A. F. Sergent & P. Beljambe; celle

de ce dernier fous le titre du Coucou, eft
gravée au pointillé, d'après Fr. Le Roi.

PORTRAITS.

ÉCOLE D'ITALIE.

VECELLIO, da Cadore, (Tiziano).

633 Le marquis de Guaft près de fa Maîtreffe,
(Compofition allégorique), l'Arétin, Bo-
cace, Sébaftien del Piombo & le Gior-
gion; le premier par Mich. Natalis, les
autres par Corn. Van Dalen dit le jeune;
ceux du dernier pour la fuite du cabinet de
Reynft, &c. fept pièces.

634 Le Portrait du Titien vu à mi-corps, le
même près de fa Maîtreffe; l'un par Agof.
Carracci, l'autre par Ant. Van Dyck; (le
fecond eft à l'eau forte).

ÉCOLES DES PAYS-BAS.

DYCK, (Antoine Van).

635 Charles Premier & fa famille, par J. Maffard, épr. avant la lettre.

636 Charles Premier à cheval, par P. Lombart; une double épreuve de cette Planche,
avec la tête du Protecteur, fubftituée à
celle de Charles Premier.

637 Portraits de lord Bernard & de fon frère
James Stuart, & celui de Buckingham; en

manière noire, par J. Mac. Ardell & Rich.
Earlom ; trois Portraits.

638 Albert d'Aremberg , Frédéric Henri,
Thomas de Carignan , & Henri de Vanden
Berghe ; par P. de Bailliu & P. Pontius.

639 L'Archevêque de Laud, Vander Borcht,
Rubens & Van Dyck, François Flamand,
Marie de Taſſis , Hélene Forman , &c.
par Jac. Watſon , Corn. Vermeulen , P.
Pontius , L. Sailliar & autres ; quatorze
Portraits , pluſieurs font doubles avant &
avec la lettre.

GAINSBOROUGH, (Thomas).

640 David Garrick , George de Galles en pied
près de ſon cheval, gravés en manière noire
par Val. Green , J. Rah. Smith ; le ſecond eſt avant la lettre.

GOLTZIUS , (Henri) ou Goltz.

641 Henri IV , Frédéric II de Dannemarck,
Voorden , Zurénus , Daventriencis , Fran-
çoiſe d'Egmont , Géduſdich & autres Perſonnages illuſtres ; deſſinés & gravés par
cet artiſte ; dix-ſept Portraits, pluſieurs
font doubles, avant la lettre ou avec différences.

HALS , (François) *né à Malines en* 1584, *mort en* 1666.

642 Hoornbeeck, Wikenburg , Gaſ. Sibel &
Swalm, par J. Suyderhoef; le ſecond eſt
double avant les noms d'auteurs : cinq
Portraits.

643 Tegularius, Sam. Ampzingius, Langelius,

Defcartes , &c. par J. Suyderhoef, A. Bloteling, Ger. Edelinck & Eti. Ficquet ; quatorze Portraits.

HELST , (Bartholomé Vander) *né à Harlem en 1631 , mort à Amfterdam.*

644 Egbert Kortenaer, amiral hollandois ; par A. Bloteling.

KNELLER , (Godefroy).

645 Fred. Schonberg, Locke, Pope, Sckalken, Grinlin, Gibbons, la comteffe de Salisbury, &c. dix-neuf Portraits en manière noire, par J. Smyth.

646 John Dryden , par Ger. Edelinck.

LIEVENS , (Jean) ou Lyvins.

647 Ephraïm Bonus , médecin , & Daniel Heinfius, gravés par ce maître ; Jérôme de Bran , Hugenius , L'anier & J. de Heem, d'après lui, par Luc. Vorfterman & P. Pontius ; fept Portraits , le premier eft avant l'adreffe.

MIREVELDT , (Michel) *né à Delft en 1568 , mort dans la même ville en 1641.*

648 Willem Prince d'Orange , Guil. Louis de Naffau, Hen. Corn. Longkins, Cath. de Culenborch, de Glarges, &c. par J. Houbraken , B. a Bolfwert, W. Delft & J. Suyderhoef.

REYNOLDS , (Jofua).

649 Le Général Granby en pied près de fon

I 4

cheval ; gravé en manière noire par Ja. Watſon , épr. avant la lettre.

650 Le Colonel Tarleton, en manière noire par J. R. Smith ; épr. avant la lettre.

651 Bambreigh, Kingſley, Jefferi & les trois frères Smith ; en manière noire par R. Houſton, J. Mac. Ardell, Jac. Waſton & W. Pether ; quatre pièces, les deux dernières ſont avant la lettre ; plus, Ed. Burke par C. Knight.

652 Vingt un Portraits en pieds, Femmes célèbres d'Angleterre , gravés en manière noire par W. Dickinſon , J. Dixon, R. Dunkarton, E Ficher, Th. & Jac. Watſon; ſept ſont avant la lettre ; il ſe trouve dans le nombre des Portraits doubles.

653 Dix-ſept Portraits , Hommes & Femmes, la plupart par les mêmes.

VISSCHER, (Corneille) ou DE VISSCHER.

654 Gellius de Bouma, Guil. de Ryck & P. Scriverius , deſſinés & gravés par ce maître, n. 4, 5 & 23 ; le premier eſt avant l'année 1656 ordinairement gravée au bas de la planche , entre les huit vers latins & hollandois, le ſecond avec l'oreille claire.

655 Vondelius & Coppenol, par le même, n. 15 & 22 ; le ſecond connu ſous le nom de l'Ecrivain, eſt double avant & avec la lettre.

656 Corneille de Viſſcher , Adr. Motmans , Jo. Boclenſz , Alexandre VII, Jean de

Paep, (ce dernier en buſte), deux différentes Têtes de Vieilles, (dites Mère de
Viſſcher), & une Tête d'Homme; n. 1,
11, 12, 19, 25, 26, 27, 90 : plus, Jacob
Cornelitz chirurgien célèbre, d'après Viſſcher, par F. H. Vanden Hoove, n. 91;
douze Portraits, trois ſont doubles.

ZOFFANI, (Jean) *né à Francfort
ſur le Meyn en 1723.*

657 Le roi d'Angleterre & ſa Famille, Pièce
en manière noire, par Rich. Earlom, épr.
avant la lettre.

ÉCOLE DE FRANCE.

LARGILLIERE, (Nicolas de) *né à
Paris en 1656, mort dans la même
ville en 1746.*

658 Le Portrait de Charles Le Brun, par Ger.
Edelinck, trois autres par P. Drevet & L.
Deſplaces.

MIGNARD, (Pierre).

659 Louis XIV, Mazarin, Marin médecin,
(épr. doubles avec différence), par Fr. de
Poilly, P. Van Schuppen, Ant. Maſſon &
J. Daullé; treize Portraits.

RIGAUD, (Hyacinthe) *né à Perpi-
pignan en 1659, mort à Paris en
1743.*

660 Auguſte III, roi de Pologne, Portrait en
pied, par J. Balechou, épr. avant l'année

1750, placée au deſſous du nom du graveur, & le titre de chevalier de l'ordre de
S. Michel, après celui du peintre.

661 Louis XIV, petit Buſte dans un ovale, par
Ger. Edelinck, (épr. avant la lettre), les
cardinaux Dubois, d'Auvergne & Poli-
gnac, par P. Drevet & Fr. Chereau,
celui du dernier eſt avant la croix épiſco-
pale.

662 Bénigne Boſſuet, Evêque de Meaux, Portrait en pied, par P. Drevet, (épr. avant
les points placés aux épr. ſuivantes après le
nom du peintre ſervant alors à déſigner le
nombre des cents d'impreſſion), Vinti-
mille, l'Archevêque de Cambray, Cl. de
S. Simon, & Alex. Milon, par Cl. Drevet,
Geor. Fr. Schmidt & J. Daullé.

663 René Pucelle, le Maréchal de Villars, &
Dufay, par P. Drevet, épr. doubles avant
& avec la lettre ; cinq autres par le même,
Geor. Fr. Schmidt & Fr. Chereau ; le comte
d'Evreux, &c.

664 Sinzendorf, Dangeau, & Nic. Delaunay,
par P. Drevet & Fr. Chereau, épr. avant
la lettre ; les deux derniers ſont doubles
avec la lettre ; Samuel Bernard, Dodun,
Boullongne & Caſtanier, par P. Drevet
& B. Lépicié.

665 Boileau Deſpréaux, Regnard & Gendron,
par P. Drevet, Eti. Ficquet & J. Daullé ;
celui du dernier eſt double avant & avec
la lettre.

666 Rigaud peintre, Kéller fondeur, Mylan-

tier, d'Ozier, la duchesse d'Orléans, (Portrait pour l'Oraison funèbre) &c. par P. Drevet & Ger. Edelinck ; quatoize Portraits, six avant la lettre.

TOCQUÉ, (Louis) *né à Paris en 1695, mort dans la même ville en 1772.*

667 Elizabeth Pétrowna, impératrice de Russie, fille de Pierre premier, Portrait en pied par Geor. Fr. Schmidt, épr. avant la lettre.

PORTRAITS
PAR DIFFÉRENS GRAVEURS.

668 Dix-sept Portraits ; on y distingue ceux de Cignani, le Tintoret & Piazetta peintres, Jean de Bologne sculpteur, Piranèle architecte ; plus, celui de Winkelman, gravés par H. S. Thomassin, Marc. Pitteri, Gio. Bat. Piranezi, &c. plusieurs font avant la lettre.

669 Vingt-deux Portraits, celui d'un Comédien, par Agos. Carracci, &c.

670 Six Portraits par A. Bloteling, Van Beverningk, Jo. Coccejus, Ab. Heidamus, &c. quatre font avant la lettre.

671 Paracelfi & Sylvius, médecins, & Sparenbeeck, par P. Van Sompel, Corn. Van Dalen *junior* & J. C. Visscher.

672 Charles Quint, plusieurs Portraits de la famille de Nassau, Spanhemius, Boxhornius, &c. par J. Suyderhoef & P. Van Sompel ; le dernier Portrait désigné est avant le nom de Danckerts.

673 Maurice de Naſſau, Vander Hulſt & Jo. de Wit, par P. Soutman, Jo. & L. Viſſcher, les autres par H. Bary, J. F. Fleiſchb, Mat. Kuſſel, Jac. Maiham, A. Perſyn, J. Sandrart, &c. quarante quatre portraits.

674 Trente-quatre Portraits, par Jacob Houbraken ; Pierre Premier, J. Maur. de Naſſau, Kuiper. Krys, Van den Honert, Siegfried Albinius, Jo. Burmannus, Romein de Hooghe, &c. quelques uns ſont doubles & avant la lettre.

675 Quatre-vingt-ſeize Portraits, Perſonnages de différens états, gravés par Corn. Bloemaert, W. Delft, P. Holſteyn, L. Kilian, Mel. Kuſſel, Corn. Viſſcher, &c.

676 Cent - vingt - cinq autres, par différents graveurs flamands & hollandois, &c.

PORTRAITS EN MANIERE NOIRE.

677 Frédéric Henri & Emélie Van Solms; Bowden, Chambars, &c. par J. V. Rymſdyk, J. R. Smith & R. Houſton, autres par Val Green, &c. ſeize Portraits, celui de Bowden eſt imprimé en couleur.

678 Douze Portraits, Hommes & Femmes, par P. Van Bleeck, Geo. de Wit, W. Dickinſon, Ja. Mac. Ardell, J. Finlayſon, &c.

679 Guillaume III & ſon Epouſe, Moelards vu à travers une croiſée, Gérard Laireſſe & Somer, par J. & Nic. Verkolje, P. Schenck & Aquila.

680 Elizabeth de Malborough, Rubens & ſa

famille, Jo. Sheppard, &c. par W. Ward, Jac. Watfon & Geor. W. White; huit Portraits, le premier eft imprimé en couleur.

681 L'empereur Jofeph II, Cornwallis & Ch. Bonnet, par C. Geor. Schultze, J. F. Clémens & Fr. Bartolozzi; autres par W. Dickinfon, W. Vatfon, J. K. Sherwin, &c. quinze Portraits, cinq avant la lettre.

682 Deux Portraits de W. Woollett, l'un par J. K. Sherwin, l'autre de Carol. Watfon.

683 Trente-fix Portraits de Peintres & de Graveurs, tels que Bloemaert, Dehaen, Houbraken, Jac. de Wit, Worlidge, Chodowiecki, Luc. Vorfterman. &c.

684 Le Maréchal Fabert, Michel Le Tellier, Goltzius, Montarfis, Madame Helyot, &c. par Fr. de Poilly & Ger. Edelinck, fept Portraits; les trois premiers avant la lettre.

685 Anne, Infante d'Efpagne, Chriftine de Suéde, La Mothe Le Vayer, Jean Loret & Sarrafin, par Rob. Nanteuil; quinze autres Portraits de Perfonnes illuftres, par le même & P. Van Schuppen.

686 Le maréchal de Turenne, (deux épr. avec différences), Frédéric Guillaume électeur, Abelly, d'Ormeffon, Marin; (ce dernier double avant & avec la lettre), & Gui Patin médecin, par Ant. Maffon.

687 Treffan, archevêque, aux pieds de la Vierge, fujet de format in-4.; le même in-8. (Frontifpices du Bréviaire de Rouen), par P. Drevet.

688 Adrienne Le Couvreur, par P. Drevet, épr. avant l'E, au mot modèle.

689 Le même Portrait, épreuve & contre-épreuve; & dix autres de Perfonnages de différens états, par le même.

690 Maupertius, J. B. Roufleau, Baron & Neftier, par J. Daullé; autres par le même, J. Balechou, Nic. Dupuis, J. Tardieu, &c. trente-fix Portraits, quinze font avant la lettre.

691 La Rochefoucault, Molière, Desfontaines & Quefnay, par P. Ph. Choffard, Jac. Firm. Beauvarlet, Geor. Fr. Schmidt & J. Geor. Wille; vingt autres par les mêmes, Nic. Delaunay, L. Lempereur, &c.

692 La Mothe Le Vayer, Fénélon, P. Corneille, La Fontaine, (avec la fable), Regnard, Crébillon, Voltaire, J. Jac. Roufleau & Chenneviere; par Eti. Ficquet.

693 Henri IV, Charles III, roi d'Efpagne, Victor Amédée, Homere, Piron, Crébillon, Diderot, Raynal, Pelerin, Necker, Le Kain, &c. par Aug. de S. Aubin; vingt-Portraits.

694 Dix-huit Portraits d'Hommes illuftres, par P. Savart, Ant. Marcenay & J. Bap. Grateloup; on diftingue dans ceux du dernier, Boffuet, Defcartes, Montefquieu & Dryden.

695 Trente-quatre autres, par N. Le Mire, Fr. Rob. Ingouf & Ch. Gaucher; plufieurs font avant la lettre.

696 Pierre Premier, Voltaire, J. J. Rousseau,
Madame du Châtelet, Vergennes, Meil-
han, &c. par P. Gab. Langlois, Ch. Cl.
Bervic, &c. les deux derniers Portraits
désignés font avant la lettre.

697 Henri IV, Portrait en pied, le même en
buste, Colbert, Jean Bart, Regnard, Frédéric Guillaume & Brocas ; par P. Alex.
Tardieu.

698 Henri IV, Sully, Crillon, Gabriel d'Ef-
trées & Ninon de Lenclos, gravés au lavis
par Fr. Janinet, épreuves en couleur, fept
Portraits, deux font doubles avant la lettre.

699 Trente-huit Portraits, la plupart d'artiftes
français.

RECUEIL D'ESTAMPES

ET ŒUVRES DE DIFFÉRENS MAITRES

DES ÉCOLES D'ITALIE.

700 *Imagines veteris ac novi Teftamenti*, ou
Sujets du nouveau Teftament, d'après les
Peintures de RAFFAELLO SANCTIO D'UR-
BINO, aux Loges du Vatican, deffinés &
gravés en cinquante-deux morceaux, par
P. Aquila & Céf. Fantetti, publié par D.
de Roffi, en 1675, cinquante-cinq Pièces,
compris les Titres ; on trouve à la fuite
la Vie de S. Jean Baptifte, d'après ANDR.
DEL SARTO, par Th. Cruger, quatorze
morceaux, compris le Titre & le Portrait ;

les Vertùs héroïques, d'après les Peintures de P. BERETTINI DA CORTONA, dans le Palais du grand duc à Florence ; ſeize Pièces, par Corn. Bloemaert, Fr. Spierre, Jac. Blondeau & autres. Rome 1691 ; in-fol. obl. rel.

701   Les Sujets du nouveau Teſtament, dans les Loges du Vatican, d'après RAFFAELLO SANCTIO D'URBINO, gravés à l'eau forte par Gio. Lanfranchi & Siſ. Badolocchio ; cinquante-quatre Pièces, compris le Titre & les trois feuilles de Dédicace ; in-8°. obl. rel. en v.

702   Peintures du même dans les Salles du Vatican, deſſinées & gravées par Franc. Aquila, dix neuf morceaux compris le Titre ; avec Dédicace à Innocent XIII, Rome 1713, (le troiſième Sujet repréſentant la Bataille de Conſtantin, eſt en quatre feuilles); on trouve à la ſuite le Triomphe de Jules Céſar, d'après ANDREA MANTEGNA, par Rob. Van Auden Aerd, dix planches compris le Titre compoſé par ce graveur ; la Bataille d'Arbelles, d'après P. BERETTINI, par P. Aquila, morceau en deux feuilles, le Plafond de la Coupole de l'Egliſe Sainte Agnès à Rome, d'après C. c FERRI, par Nic. Dorigny, neuf planches, & ſept Sujets ſacrés, &c. d'après ANN. CARRAC I & P. BERETTINI ; en tout cinquante morceaux, dans un in-fol. mar. r. tr. dor.

703   *Illuſtri Fatti Farneſiani coloriti nel real Palazzo*

Palazzo di Caprarola, ou peintures du Palais Caprarol, d'après TAD. & FED. ZUCCHERI, à l'eau forte, par Geor. Gasp. de Prenner, dédié au cardinal Trajan, dont le Portrait est en tête de l'ouvrage, quarante-deux planches, compris cinq de Plans & Vues de jardins; Rome 1748, petit in-fol. cart.

704 Œuvre de CHERUBINO ALBERTI, peintre & graveur, né au Bourg du S. Sépulchre en 1552, mort en 1615, représentant des Sujets de l'histoire sacrée, profane, Allégories, Portraits, Bas‑reliefs, Frises, Vases, &c. sur ses compositions, ou d'après Raffaello Sanctio d'Urbino, Tad. & Fed. Zuccheri, Michel Agnolo Buonaroti & da Caravaggio, And. del Sarto, &c. cent soixante pièces, dans un vol. in-fol. rel.

705 Œuvre de CARLO MARATTI, peintre, né à Camerano en 1625, mort à Rome en 1713; dans les Pièces qui le composent on distingue quelques Sujets de la vie de la Vierge & de l'enfance de Jésus, (épr. avant & avec la lettre), le Martyre de S. Laurent & Héliodore chassé du Temple, morceaux gravés à l'eau forte par ce maître, les premiers sur ses compositions, les deux derniers d'après Zampieri & Raffaello Sanctio d'Urbino; le surplus présente des Sujets de l'histoire sacrée & profane, d'après lui par Rob. Van-Auden-Aerd, J. Audran, P. Aquila, Nic. Dorigny, B. Farjat, J. Ferroni, J. Jac. Frey, J. Jer. Frezza, And.

K

Procaccini, J. Smyth, Th. Verkrüys, Arn. Weſterhout & autres ; cent treize morceaux, compris le Portrait de C. Maratti, 1 vol. in-fol. cart.

706 Recueil de STEFANINO DELLA BELLA, deſſinateur & graveur, né à Florence en 1610. mort dans la même ville en 1664 ; cette Suite compoſée de plus de ſept cents morceaux exécutés par cet artiſte ſur ſes compoſitions, offre différens Sujets de Vierges , S. Proſper venant au ſecours de la ville de *Reggio*, (épr. avant les armes), divers Sujets de Bacchanales , Jeux d'enfans & autres, les Siéges de *Porto Longo*, *Piombino*, Saint Omer & Arras, Bataille des Amalecites, Combats navals, Marches militaires & d'artillerie, les Gobbi, les Polonois, le Rocher des philoſophes, le Triomphe & la Suite des morts, Intermèdes de tragédies , Fêtes de Florence, Cérémonies publiques, Cahiers de chaſſes, Ruines, Payſages, Vues de lieux célèbres d'Italie & de France, dont celle de Paris priſe du Pont-neuf, (épr. avant le coq ſur le clocher de l'Égliſe de S. Germain l'Auxerrois), Titres de livres, tels que celui des Œuvres de Scarron, (épr. double avant & avec la lettre), Portrait de Bernardino Ricci & autres, Principes de deſſin, Etudes de figures , animaux, vaiſſeaux, friſes, vaſes groteſques, cartouches, Pièces des Jeux de la fable, de la géographie, des rois, des reines

de France, &c. Il fe trouve dans ce nombre, des Suites complettes & plufieurs
épr. avant la lettre, d'autres doubles avec
des différences; 4 vol. gr. & petits in-fol.
rel. en mar. r.

707 Recueil de FRANCESCO BARTOLOZZI,
peintre & graveur au burin & au pointillé,
né à Florence le 25 Septembre 1728, élève
pour la peinture de Ferreti, & pour la gravure de Jof. Wagner; cette artifte occupe
un rang diftingué parmi fes contemporains:
il traite tous les genres avec un égal fuccès; l'expreffion raviffante & l'air vif &
fpirituel qu'il donne à fes Têtes de femmes
& d'enfans, la fineffe d'exécution & l'ac-
cord parfait qui règne dans fes Eftampes,
les placent au rang des meilleurs-produc-
tions de la gravure. Si les charmes répan-
dus dans les Ouvrages du Corrège, lui méritèrent le furnom de Peintre des Graces,
Bartolozzi peut en être nommé le Graveur.

DÉTAIL DU RECUEIL.

En tête font placés deux Portraits de Fr. Bartolozzi, l'un
d'après Joshua Reynolds, par Rob. S. Marcuard, l'autre
de Rob. Ménageot, épr. double en rouge & en couleur.

Pièces d'après différens Maîtres des Écoles d'Italie.

La Madona della Sedia, d'après Raffaello Sanctio
d'Urbino, trois épr. deux en rouge avant & avec la
lettre, & une en couleur.

Le Portrait de Marie, reine d'Ecoffe, près de fon
fils, d'après Fed. Zuccheri.

Rebecca. Laban qui cherche fes dieux, & deux Portraits avec figures allégoriques, d'après C. Maratti, épr.
avant la lettre.

Suites des Pièces de Bartolozzi.

Promethée sur le Caucafe , Atteinte portée aux flèches de l'Amour, (fujet allégorique) d'après Mich. Ang. Buonaroti, épr. en rouge & avant la lettre.

La Vierge préfentant le fein à l'Enfant Jéfus , & une Tête de *Madona* , d'après Carlino Dolci , la première avant la lettre.

La Vierge tenant l'Enfant Jéfus endormi, d'après Salfa Ferrata , épr. avant la lettre.

Offrande à Diane, & Laocoon facrifiant aux portes de Troye, d'après Berettini, la première avant la lettre.

Chaffe de Diane , d'après Dom. Gabbiani.

Un petit Payfage d'après Ben. Luti.

Le Jugement de Salomon , d'après P. Caliari.

Une Etude de Plafond , d'après F. Fontebaffo.

Le Portrait de Rofalba , d'après le tableau de cette femme célèbre.

Camille chaffe les Gaulois , d'après Seb. Ricci.

La Religion, fujet en forme de Plafond , d'après G. Manefcardi.

Euphrofine, d'après G. Amiconi ; deux épr. l'une en rouge & avant la lettre , l'autre en couleur.

L'Amour taillant fon arc, Jupiter & Io , d'après Ant. Allegri , épr. en couleur.

La Vierge près de fon fils endormi faifant obferver le filence au jeune S. Jean , d'après le tableau d'Ann. Carracci, qui fe voit au Muféum de Paris , (morceau connu fous le titre du Silence).

Le Sommeil de Vénus , d'après le même.

La Femme adultère , d'après Agof. Carracci.

Enlévement d'Europe , d'après Guido Reni, épr. en rouge.

La Circoncifion , d'après le tableau peint par Gio. Fr. Barbieri, au maître-autel de l'Eglife de *Jefus-Maria* à Bologne, & qui fe voit actuellement en France au Muféum de Paris.

L'Éducation de l'Enfant Jéfus, cinq Etudes , & les Filles du Guerchin , d'après le même , épr. en rouge ; le premier fujet eft double & en couleur.

S. Jean montrant le Sauveur , d'après Dom. Zampieri.

Suites des Pièces de Bartolozzi.

Le Printems & l'Automne, d'après Marc. Anto. Franceſchini, épr. avant la lettre.

Deux Compoſitions de Veſtiges d'Architecture, d'après Gio. Paolo Pannini.

Vénus, Cupidon & un Satyre, d'après Luc. Giordano.

Jacob retournant chez ſon père, & l'Éternel apparoiſſantà la Sainte Famille, d'après Gio. Ben. Caſtiglione.

Morceaux d'après Giovanni Batiſta Cipriani.

La Vierge, l'Enfant Jéſus dans ſes bras, épr. avant la let.

Sainte Cécile, deux épr. en rouge, avant & avec la lettre.

La Foi & l'Eſpérance, deux Pièces, épr. en rouge & en couleur.

La Science & la Sageſſe, deux épr. en r. & en coul.

Vénus parée par les Graces, & le Jugement de Pâris, épr. en rouge, (petits ſujets en travers).

Vénus au Bain.

Le Bain & la Toilette de Pſyché, quatre pièces, épr. en rouge & en couleur, les premières avant la lettre.

Le premier Baiſer de l'Amour.

Deux Sujets d'Hébé & Ariadne, épr. en rouge & en couleur, les premières avant la lettre.

Deux Sujets de Sapho & l'Amour, épr. en rouge & en couleur, les premières avant la lettre.

Deux autres, Amour careſſé & rejetté, épr. en rouge & en couleur, les premières avant la lettre.

La Vertu dirigée par la Prudence & l'Honneur.

L'Innocence taught By Love, &c. friendship, épr. en rouge & en couleur, les premières avant la lettre.

Sacrifice à l'Amour, Triomphe de l'Amour & de la Beauté, ſix épr. quatre en rouge avant & avec la lettre, & deux en couleur.

Deux Sujets, Pouvoir de l'Amour & de la Beauté, épr. en rouge & en couleur, les premières avant la lettre.

Deux autres, la Fortune & la Proſpérité, épr. en rouge & en couleur, les premières avant la lettre.

Deux idem, Jeux de l'Amour & de l'Enfance, épr. en r.

La Beauté regardant dans le miroir de la Prudence, épr. en rouge & en couleur, la première avant la lettre.

Suites des Pièces de Bartolozzi.

D'après Cipriani.

La Nymphe de l'Immortalité, épr. en rouge & en couleur, la première épr. avant la lettre.

Muse & Flore, deux Pièces, épr. en rouge & en couleur, les premières avant la lettre.

La Nayade, épr. en rouge.

La Prudence découvre la Beauté conduite par l'Amour, & le Génie écrivant un Hymne à la Beauté, épr. en rouge avant la lettre; le second Sujet est double & en couleur.

Les Élémens, huit épr. en rouge & en couleur, les premières avant la lettre.

Les Saisons, épr. en couleur.

Apollon.

Muses tragiques & lyriques, deux Pièces.

La Poësie & la Musique, quatre épr. en rouge & en couleur.

L'Harmonie, deux épr. une en rouge avant la lettre, l'autre en couleur.

Trois petits Sujets, la Beauté, la Douceur & la Prudence, six épr. trois en rouge avant la lettre, les autres en couleur.

La Simpathie, l'Attention, la Sérénité, la Contemplation & la Vigilance, épr. doubles en rouge & en couleur; plus, l'Affection, la Constance, l'Amour, l'Harmonie, l'Admiration & la Libéralité; les deux premiers sujets en rouge, les autres en couleur; en tout seize Pièces.

Deux Sujets de Nymphes au Bain, quatre épr. deux en rouge avant la lettre, les autres en couleur.

L'Amour maternel, deux épr. en bistre & en rouge.

L'Histoire & la Musique, deux Pièces.

La Géographie.

Le Départ d'Hector, deux épr. en noir & en couleur.

Séparation d'Achille & de Briséis, Chriséis rendue à son père; quatre épr. en noir & en couleur.

Laïs.

Deux Sujets, Vestale & Pendant.

Henri II & Rosamonde, Jeanne Shore & Edouard IV; quatre épr. en rouge & en couleur, les premières avant la lettre.

Suites des Pièces de Bartolozzi.

D'après Cipriani.

La Jalousie de lord Darnley, & Olivier Cromwel surprenant son chapelain aux genoux de sa fille, trois épr. en rouge, la seconde est double en couleur.

Edouard IV, Northumberland, & Suffolk priant lady Jeanne Gray d'accepter la couronne, épr. en rouge & en couleur, les premières avant la lettre.

Tancrede & Herminie, épr. en rouge & en couleur, la première avant la lettre.

Rencontre d'Héloïse & d'Abélard aux Champs Élisées, épr. en bistre & en couleur, la première avant la lettre.

Adélaïde ou la Bergère des Alpes, deux épr. en rouge & en couleur.

Enfant endormi.

Amour maternel, Affection filiale, Heureux Père & Détresse maternelle, épr. en rouge & en couleur, les premières avant la lettre.

L'Amitié & le Contentement, épr. en rouge & en couleur, les premières avant la lettre.

Deux Pièces, le Faune & l'Hermaphrodite, épr. en rouge.

Alcander & Nérina.

Douze Morceaux, Sujets fabuleux, historiques, & Etudes, formant deux premiers numéros, d'après une suite de dessins.

Diane à laquelle une Nymphe chausse le brodequin, Sujet allégorique, différentes Vignettes pour le Roland de l'Arioste, la Rodogune de P. Corneille, Titres de Sonates, autres pour des ouvrages de Musique, & l'Histoire des Francs Maçons, Billets pour les Concerts de Giardini, Portrait de Martinelli, &c. vingt-quatre petites Pièces.

D'après différens Maîtres des Écoles des Pays-Bas.

Femme qui allaite un Enfant, d'après Ant. Van Dyck, épr. avant la lettre.

Le Portrait de Marie Christine duchesse de Saxe-Teschen, d'après Alex. Roslin.

K 4

Suites des Pièces de Bartolozzi.

Combat dans le Cimetière, Scène de Tom. Jones, d'après Jac. Ph. Loutherbourg, épr. avant la lettre, (le Payſage gravé par W. Woollett).

D'après Marie Angélique Kauſſman.

Le Portrait de cette femme célèbre, épr. en rouge & avant la lettre.

La Religion, deux épreuves en rouge & en couleur.

Vénus parée par les Graces, deux épr. en biſtre & en couleur.

Diane ſe préparant pour la chaſſe, Angélique & Médor, épr. en rouge & avant la lettre.

Céladon & Amélie, deux épr. en rouge & en couleur.

Antiope, épr. en noir & en rouge, la première avant la lettre.

Hébé, deux épr. en rouge & en couleur.

Deux Sujets de Nymphes, quatre épreuves en rouge & en couleur, les premières avant la lettre.

Echo, épr. avant la lettre.

Les Saiſons, huit épr. quatre en rouge & avant la lettre, les autres en couleur.

Veillez Amans.... deux épr. en rouge & en couleur, la première avant la lettre.

La Science repoſe ſous les armes de la Paix, épr. en rouge & en couleur, la première avant la lettre.

Les trois Arts, deux épr. en biſtre & en couleur, la première avant la lettre.

Naiſſance & Tombeau de Shakeſpear, épr. en rouge & en couleur, les premières avant la lettre.

Deux Sujets des amours de Rhodope, épr. en rouge & en couleur, les premières avant la lettre.

Télémaque & Mentor dans l'iſle de Calypſo, épr. en rouge & en couleur.

Coriolan, épr. en biſtre & en couleur, la première avant la lettre.

Cléopâtre engageant Méléagre à prendre les armes pour la défenſe du Pays, Paulus Æmelius envoyé à Rome pour intercéder en faveur de ſa famille, épr. en rouge & en couleur, les premières avant la lettre.

Suites des Pièces de Bartolozzi.

D'après Kauffman.

Tancrede & Clorinde, épr. en rouge & en couleur, la première avant la lettre.

Renaud & Armide, la Mort de Clorinde, épr. en biftre & en couleur, les premières avant la lettre.

Damon & Délia, le même & Mufidora, épr. en rouge & en couleur, une des premières eft avant la lettre.

Gualtherus & Grifelda, deux épr. en rouge & en couleur.

Cléone & Cordélia, épr. en rouge & en couleur, les premières avant la lettre.

Grifelda, deux épr. en rouge & en couleur.

Louife Hammond, deux épr. en rouge & en couleur.

L'Adoration & l'Humilité, deux Pièces, épr. en rouge & en couleur, les premières avant la lettre.

La Sincérité & la Félicité, deux Pièces, épr. en couleur.

La Générofité, épr. en rouge & en couleur, la premièie avant la lettre.

Coffurcia, épr. en rouge & avant la lettre.

Léonora, deux épr. avant & avec la lettre.

Cécile & Rofalinde, deux Pièces, épr. en biftre & en couleur, la première avant la lettre.

Fatima, deux épr. en rouge & en couleur.

La Belle Alfacienne, épr. en rouge & avant la lettre.

Le Jeu de Colin Maillard, épr. en biftre & avant la lettre.

Zeuxis compofant le tableau de Junon, deux épr. une en biftre avant la lettre, l'autre en couleur.

Jonas en prière, d'après Benj. Weft.

Sainte Cécile, d'après le même.

Cornélie, Mère des Gracques, montrant fes enfans, d'après le même, épr. en couleur.

La Paix, foutien des Arts, d'après le même, épr. avant la lettre.

La Mort de Sidney, d'après Joh. Mortimer.

La Mort de Cook, gravé en petit, d'après J. Webber, le Payfage par W. Byrne.

Suite des Pièces de Bartolozzi.

Imogen's Chamber, d'après W. Martin, deux épr. en biftre & en couleur.

La Fuite en Egypte, d'après Dorot. Lifter.

Edouard II le Martyr & Elfride, Edmond Bras de Fer & Algithe, d'après W. Hamilton, quatre épr. en biftre & en couleur.

Hamlet & fa Mère, Romeo & Juliet, d'après le même, quatre épr. en biftre & en couleur.

La Charité, d'après J. H. Ramberg.

Deux Sujets *Sorrows of Werter*, d'après le même, quatre épr. en rouge & en couleur.

D'après Rodolphe Cofway.

Les Portraits de ce Maître & de Maria Cofway fon Epoufe, (le premier par Mariano Bova, Eleve de Fr. Bartolozzi) épr. en couleur.

Vénus & Adonis, épr. en rouge.

L'Amour & l'Innocence, deux épr. en r. & en coul.

La Leçon Maternelle, épr. en couleur.

Femme Grecque danfant, deux épr. en r. & en coul.

Portrait de la vicomteffe de Bulkeley, deux épr. en rouge & en couleur.

Enfant tenant un petit chien, épr. en biftre & en couleur, la première eft avant la lettre.

Signora Allegranti, Bufte de femme.

Thalie couronnant le Bufte d'Abington.

D'après William H. Bunbury.

Deux Sujets, la Mufique & la Danfe, quatre épr. en rouge & en couleur.

L'Amour & l'Honneur, deux épreuves en rouge & en couleur.

Scène de *lord Thomas*, deux épr. en biftre & en couleur, la première avant la lettre.

La Folle, deux épr. en rouge & en couleur.

Lady Ann. Bothwells Lament, deux épr. en rouge & en couleur.

Adélaïde dans les Jardins de Bagnieres, deux épr. en biftre & en couleur.

Suite des Pièces de Bartolozzi.

D'après Bunbury.

Charlotte & ſes Sœurs, deux épr. en rouge & en couleur.
Les Pauvres Enfans, épr. en couleur.
Jenny, deux épr. en biſtre & en couleur.
La Beauté de S. James & celle du Marché, quatre épr. en biſtre & en couleur.

Serena.
Lovelace en priſon, d'ap. J. E. Rigaud, épr. av. la let.
La Mort de Londamore, d'après le même, épr. avant la lettre.
L'agréable Traverſée aërienne, d'après le même.
Les Nymphes au Bain & la Tempête, d'après J. Barralet, (les figures d'après J. Bap. Cipriani), le Payſage par V. Mar. Picot.
Miranda, d'après Benj. Meyer, épr. en couleur.
Lady Beauclerk, d'après F. Cotes, épr. en rouge & en couleur, la première avant la lettre.
Le général Clinton, d'après J. Smart, épr. avant la lettre.
Cupidon acheté trop cher, d'après Joſ. Tturts, deux épr. en rouge & en couleur.
L'Innocence des Champs, d'après S. Harding, épr. en couleur.
Le duc de Malborough, ſa Femme & ſon Enfant, d'après Sam. Shelley, épr. avant la lettre.
Lady Spencer & ſa Fille, d'après Diana Beauclerk, deux épr. en biſtre & en couleur.
Pierre Le Sauvage, d'après Alefonder.
Cecilia, d'après Tho. Englehart.
La comteſſe de Spencer, d'après Th. Gainsborough.
Ophelia, d'après Jam. Nixon, deux épr. en rouge & en couleur.
La ducheſſe de Devonshire, d'après le même.
Lord Cornwalis, d'après H. D. Hamilton, épr. en rouge & avant la lettre.

D'après différens Maîtres de l'École françaiſe.

Le Sauveur du Monde, d'après Ch. Le Brun, épr. en rouge avant la lettre.

Suite des Pièces de Bartolozzi.

L'Innocence se refugiant dans les bras de la Justice ; d'ap. Louise Elizabeth Vigée, femme Le Brun, épr. en r. & en bistre, la première est avant la lettre & les armes.

Morceaux gravés par Bartolozzi, sur ses Desseins ou d'après ses Compositions.

La Vierge l'Enfant Jésus dans ses bras ; quatre épr. trois en rouge avant & avec la lettre, l'autre en couleur.

La Charité Humaine ; trois épr. deux en rouge avant & avec la lettre, l'autre en couleur.

La Bacchante ; trois épr. deux en rouge avant & avec la lettre, l'autre en couleur.

La Marchande d'Amours, épr. en rouge avant la lettre.

L'Amour & l'Hymen.

L'Origine de la Peinture.

La Fille Grecque.

Une Tête de Vestale.

Le Repas, (Caricature), épr. avant la lettre.

Enfant endormi.

Billet pour un Bal de Simpson.

Un Sujet de style antique.

L'Amour sur un Lion.

Le Buste de Manius Aquillius.

Un Buste de Femme, *Iphigenia.*

Deux Sujets, Erato & Terpsichore, épr. en rouge & en couleur, les premières avant la lettre.

Deux Sujets de Sophie & Olivie, épr. en rouge & en couleur, les premières avant la lettre.

Marguerite Caroline Rudd, à la Barre de *Old Bailey*, tribunal criminel d'Angleterre ; dessinée & gravée par Gaëtano Bartolozzi, fils & élève de Fr. Bartolozzi.

Nota. Les Pièces de ce Recueil quoique désignées, sous un seul n°. seront vendues en plusieurs articles.

708 Œuvre de Martino Rota, graveur au burin, né à Sebenigo en Dalmatie, en 1532, représentant des Sujets sacrés & profanes, quelques Portraits, &c. gravés par cet artiste sur ses desseins, ou d'après

Raffaello Sanctio d'Urbino, Mich. Ag. Buonaroti, L. Penni, Tiziano & autres; on y distingue le Massacre des Innocens, le Christ porté au tombeau, la Résurrection de N. S. le Jugement dernier, (Sujet d'après le tableau de la Chapelle Sixtine au Vatican, orig. & copie), le Portrait de Rodolphe II, &c. soixante-six pièces dans un vol. in-fol. rel.

709 Recueil de Pièces, tels que l'Adoration des Mages, divers Sujets, Caprices, &c. composés & gravés à l'eau forte, par GIOVANNI BATISTA TIEPOLO, la Voye de la Croix, plusieurs Compositions de la Fuite en Egypte, & différentes Suites de Têtes dans le gout du Benedette, par GIO. DOM. TIEPOLO; cent-dix morceaux dans un vol. in-fol. cart.

710 *Le Pitture di P. Tibaldi E. di N. Abbati....* ou Peintures de PELLEGRINO TIBALDI, & de NICCOLO DEL ABBATI, qui existent à l'Institut de Bologne, gravées en quarante-une pièces, par Barth. Crivellari, & Gio. Bat. Brustoloni, avec description de J. P. Zanotti, ornée de dix-sept planches; Portraits, Allégories, Vignettes, Culs de lampe & Lettres grises, par les mêmes graveurs; Venise 1756, in-fol. rel. en mar. r. tr. dor. (pap. sup. royal).

711 Recueil de cinquante-six petits Sujets de la vie de la Vierge & de l'Enfance de Jésus, autres de Saints & Saintes, composés & gravés à l'eau forte, par ANNIBALE CARRACCI, un vol. in 4. rel. en v.

712   *Galeriæ Farneſianæ icones Romæ in ædi-bus*, ou Galerie Farnèſe, peinte à Rome par Ann. Carracci, gravée en vingt-un morceaux (non compris les trois Titres) par P. Aquila; *Imagines Farneſiani Cubi-culi*, ou peintures du même, dans les appartemens du Palais Farnèſe; treize pièces, par P. Aquila; *Pſyches & amoris*, ou les amours de Pſyché, d'après les peintures de Raffaello Sanctio d'Ur-bino, dans les Jardins Farnèſe, douze mor-ceaux, par Nic. Dorigny; peintures de la Galerie de Florence, d'après P. Beret-tini, vingt-ſix pièces, par Corn. Bloe-maert, Fr. Spierre, Jac. Blondeau, Ch. de La Haye & autres; petit in-fol. cart.

713   Galerie Farnèſe, d'après Ann. Carracci, trente-ſept pièces, par Fr. de Poilly; celles du Palais Pamphille, d'après Berettini, ſeize planches, par Ger. Audran; & ſept Sujets fabuleux & hiſtoriques d'après les peintures d'Ann. Carracci, au Palais Farnèſe, deſſinés & gravés à l'eau forte, par Nic. Mignard; in-fol. cart. (édit. de Baſan).

714   *Picturæ Dominici Zampierii vulgo Do-menichino*... ou Peintures de Dom. Zam-pieri, qui exiſtent dans la Sacriſtie de l'Egliſe de *Grotta Ferrata*, vingt-cinq planches, Sujets de la Vie de S. Nil & de S. Bartholomé, gravés par Fran. Bar-tolozzi, Ch. Gregory, Ant. Capellan & P. Ant. Pazzi; on trouve à la ſuite neuf

morceaux d'après les peintures de Giovanni Lanfranchi , dans la Sacriſtie
de l'Egliſe S. Jean à Florence ; plus , un
Sujet de Saint Pierre, d'après Domeni-
chino ; ces dernières pièces exécutées
par Stef. Coppa, C. Cunego, Giuſ. Perini & Cam. Tinti ; Rome 1772, petit
in-fol. cart.

715 Recueil d'Eaux fortes , par Guido Reni,
gravés ſur ſes compoſitions & d'après
Franc. Mazzuoli , Luig. & Ann. Carracci & Ant. Van Dyck ; on diſtingue
dans celles d'après ces maîtres deux compoſitions du Chriſt mort & l'Aumône de
S. Roch, (cette dernière pièce épr. avant
toutes lettres) , les autres offrant des
Sujets ſacrés & profanes, &c. il ſe trouve
dans celles-ci des morceaux d'après Le
Guide , par différens graveurs ; d'autres
de Sim. Cantarini & de P. Testa ,
en tout quatre-vingt-ſeize pièces, pluſieurs
ſont doubles avant la lettre ou en contre-
épreuves ; in-fol. rel. en mar. r. dent.

716 *Diſegno della Logia di San. Pietro in
Vaticano* , ou Deſſin de la Loge de l'E-
gliſe S. Pierre de Rome, dans laquelle le
Pape donne la bénédiction, d'après Giovanni Lanfranchi , dix-ſept planches
à l'eau forte, par Piet. S. Bartoli, (compris le Titre & la Dédicace).
Columna Theodoſina , ou Colonne Théo-
doſienne, dreſſée en l'honneur de l'empereur Théodoſe le jeune, gravée en dix-huit

feuilles, d'après le Deſſin de G. BELLINI, par Guil. Vallet, précédée d'une deſcription, par Cl. F. Meneſtrier; petit in-fol.

717 Suite de Soixante-deux Soldats & autres Figures, compoſée & gravée à l'eau forte par SALVATORE ROSA, dédiée par cet artiſte à Carolo Rubeo; ſix autres Pièces, Combats de Tritons, &c. par le même; in-4. cart.

718 *Scola Italica Picturæ*, ou Recueil de Tableaux choiſis des plus célèbres peintres d'Italie, tels que Mich. Ag. Buonaroti, P. Berettini, Raffaello, Mich. Ag. da Caravaggio, Mazzuoli, Tiziano & autres, gravés a Rome ſous la conduite de J. Hamilton, par Giuſ. Perini, Dom. Cunego, Ant. Capellan, Jo. Volpato, Angel. Campanella, Cam. Tinti & Fr. Lonſing; quarante-une Pièces compris le Titre; Rome 1773, grand in-fol. cart.

719 *Racolta di cento e dodici Quadri*, ou Recueil de cent douze Tableaux repréſentant différens Sujets de l'hiſtoire ſacrée, peints par les maitres les plus célèbres de l'Ecole Vénitienne, gravés par P. Monaco; Veniſe 1772, grand in-fol. cart.

ÉCOLE DE HOLLANDE.

720 Recueil de LUCAS-DE-LEYDE, peintre & graveur, né à Leyden en 1494, mort en 1533; compoſé de cent trente-quatre morceaux

Morceaux exécutés par ce maître fur fes compofitions ; on y diftingue le Portrait de cet Artifte, Adam & Eve, Loth & fes Filles, plufieurs Sujets de la Vie de Jofeph, le Triomphe de Mardochée, l'Adoration des Anges, N. S. préfenté au Peuple, le Calvaire, la Converfion de S. Paul, la Danfe de la Magdeleine, les Apôtres, les Evangéliftes, Mars & Vénus, Pyrame & Tisbé, la Petite Laitière, divers Sujets de fantaifie, Figures allégoriques, Orneméns, &c. in-fol. rel.

721 Recueil de quatre-vingt une Pièces compofées & gravées par PAUL VAN RHYN REMBRANDT, tels que plufieurs Portraits de ce maître ; Jofeph & Putiphar, l'Annonce aux Bergers, divers Sujets de la Vie de N. S., la Guérifon du Boîteux, le Martyre de S. Etienne, des Etudes de Mendians, autres de Figures & Payfages, Portraits de Fautrieus, Abr. France, J. Affelin, Wtenbogardus, &c. plus, quinze Copies d'après ce maître, dont Adam & Eve, la Réfurrection du Lazare, les Portraits du petit Coppenol, l'Avocat Tolling & le Bourguemeftre Six ; les cinq dernières, par P. Fr. Bafan ; petit in-fol. rel.

722 Recueil de vingt-fix Morceaux ; Intérieurs de Foires, Promenades & Payfages, compofés & gravés par JEAN VAN DEN VELDE, petit in-fol. mar. r. dent.

723 Œuvre de PHILIPPE WOUWERMANS,

Peintre, né à Harlem en 1620, mort dans la même ville en 1668 ; repréfentant des Sujets de Chaffes, Haltes de Cavalerie, Manège, Scènes Champêtres & Payfages, par J. Viffcher, J. Moyreau, Jac. Ph. Le Bas, Th. Major, And. Laurent, Euft. Beaumont & autres ; cent vingt-fix pièces, douze à l'eau forte feulement. Le Portrait de Wouwermans, d'après C. Viffcher, par Nic. Dupuis eft placé en tête de ce Recueil ; grand in fol. rel.

724 Recueil de cent quarante fept Pièces, Scènes champêtres, Payfages avec figures & animaux, compofés par NICOLAS BERGHEM, quelques unes gravées à l'eau forte par ce maître, les autres exécutées par J. Viff her, Dan. Danckers, Jac. Ph. Le Bas, Th. Major, Jac. Aliamet, Ch. Weifbrod, Rob. Daudet, J. Mathieu & autres ; les Morceaux des Artiftes modernes font la plupart accompagnés d'eau forte, ou double d'épr. avant & avec la lettre ; en tête de cette Suite eft placé le Portrait de Berghem, d'après G. Sarri, par Eti. Ficquet, grand in-fol. mar. r. dent.

ÉCOLE D'ALLEMAGNE.

725 Œuvre D'ALBERT-DURER, peintre & graveur ; cet artifte fils d'un orfévre de Nuremberg, né dans cette ville en 1470, fuivit la profeffion de fon père, qu'il abandonna

pour l'étude des sciences & des arts : Michel Wolgemuth lui enseigna la peinture & la gravure ; des progrès rapides lui firent bientôt égaler ce maître. Al. Durer se forma alors une manière qu'il ne dût qu'à son imagination, & lutta contre ce goût gothique des premiers restaurateurs de l'art : non content de ses succès en peinture & en gravure, ses écrits sur la géométrie, les fortifications, les proportions du corps humain & la perspective, prouverent la profondeur de son savoir : cet homme célèbre termina sa carrière dans sa ville natale en 1528.

DÉTAIL DE L'ŒUVRE.

Portrait d'Albert-Durer, dessiné & gravé par lui-même en 1493, à l'âge de 33 ans ; trois autres Portraits d'après lui, par Vencef. Hollar, Luc. Kilian & And. Stock.

Les Portraits du cardinal Albert, du duc de Saxe, Philippe Ora, Dionatensi peintre, Bilibaldi Pirkeymerhomme de lettres, & Erasme ; le premier & le dernier doubles : plus, une copie de Bilibaldi, mais de sens opposé.

Sujets de l'ancien & du nouveau Testament.

Adam & Eve séduits par le Serpent, Pièce datée de 1504, deux copies de ce sujet, une par J. Wierx en 1566.

L'Enfant Prodigue gardant des Pourceaux.

La Nativité où la Vierge adore l'Enfant Jésus : près de là S. Joseph tire de l'eau d'un puits ; petit morceau gravé en 1504.

Trois Copies de ce sujet, par J. Wierx en 1566, J. Hopfer & Ad. Hubert, celle du dernier en 1584.

Repos de la Sainte Famille, le Père Eternel se voit au haut de la composition.

Jésus priant au jardin des Oliviers, gravé en 1515 sur Planche de fer.

Suite des Pièces d'Albert-Durer.

L'Homme de douleurs debout & couronné d'épines, le même assis ; le premier gravé à la pointe sèche sur étain, est daté de 1512 ; l'autre à l'eau forte sur Planche de fer en 1515.

Ecce Homo, 1512.

Quinze Sujets de la Passion de N. S. datés de 1507 à 1512 ; plus, un seizième Morceau qui s'ajoute à cette suite représentant la Guérison du Boiteux, gravé en 1513.

La Vierge évanouie au pied de N. S. crucifié , secourue par les Saintes Femmes , 1508.

Autre Calvaire, Pièce au trait.

La Copie du Petit Calvaire , Sujet qu'on prétend avoir été gravé par Albert-Durer , sur le Pommeau de l'Epée de l'empereur Maximilien.

Jésus Christ porté au tombeau, 1507.

Différens Sujets de Vierges ; on y distingue celle connue sous le titre de Vierge au Singe , plusieurs des autres portent des dates de 1508 à 1520, quinze Morceaux originaux , & sept Copies par J. Wierx & autres.

Cinq Pièces représentant des Apôtres avec les instrumens de leur Martyre , datées de 1514 , 1523 & 1526.

S. Jérôme assis dans son cabinet , il est près d'une table occupé à écrire, & paroît pénétré de la sublimité de son sujet, 1514.

Le même dans le désert, assis près d'un rocher devant une table sur laquelle est un Livre & un Crucifix, Planche gravée sur étain.

Le même à genoux, en prière dans le désert.

Deux Composi ions de S. George avec le Dragon, celle où le Saint est à cheval, est datée de 1508.

Deux Pièces, S. Sébastien percé de flèches, attaché à une colonne ; le même suspendu à une branche d'arbre.

Deux différentes Compositions de S. Christophe, datées de 1521.

Tentation de S. Antoine en méditation , (Pièce connue sous le titre du Songe).

Le même dans une campagne assis près d'une Croix Episcopale, & occupé à lire ; une Ville bâtie sur une éminence occupe le fond , 1519.

Suite des Pièces d'Albert-Durer.

L'Evangéliste S. Marc.

S. Hubert à genoux devant un Cerf ayant un Crucifix entre son bois.

Deux Anges portant un voile sur lequel est imprimé la Sainte Face, (original & copie), 1513.

Un Ange tenant en l'air le S. Suaire, planche gravée sur fer en 1516.

Différens Sujets.

Un Philosophe écrivant dans son cabinet, 1515.

Une Femme aîlée, représentant Pandore ou la Fortune; elle tient un Vase d'une main & de l'autre une Bride : cette figure allégorique est élevée sur un globe porté par des nuages. La vue du pays qui occupe le bas de la composition, offre le village d'Eytar, près de Waradin dans la Haute Hongrie, lieu originaire de la famille du père d'Albert-Durer.

Une petite Copie du même sujet, de sens opposé.

La Mélancolie représentée par une Femme aîlée ; le Polygone, les Balances, la Clepsydre, la Cloche & les Instrumens d'Arts dont elle est environnée, sont les marques du travail & de l'industrie naturelles aux personnes mélancoliques ; on voit dans le haut de cette ingénieuse composition, une Chauve-Souris avec le mot *Melancolia* écrit sur ses aîles, près du mur à droite, une Table magique ; 1514.

La Copie de ce sujet par Joh. Wierx en 1602, pièce de même sens que la précédente.

La Fortune, la Sorcière allant au Sabat, le Porte-Drapeau & les Enfans aîlés, trois morceaux.

Apollon & Diane, l'un sous la figure d'un Guerrier tirant une flèche, l'autre sous celle d'une Nymphe assise & caressant un Cerf.

Dame à cheval, près d'un jeune Homme armé d'une Hallebarde.

Satyre jouant de la flute dans une forêt, près d'une Femme étendue à terre un Enfant couché sur ses genoux ; 1505.

Cavalier allant le grand galop en pleine campagne.

Suite des Pièces d'Albert-Durer.

Le Marchand d'Œufs & la Marchande de Volaille, 1512.

Arménien accompagné d'une femme qui porte un enfant.

Trois Morceaux, Hôteſſe allemande près de ſon mari, Homme & Femme ambulans, & trois Payſans qui s'entretiennent.

Triton raviſſant une Nymphe en préſence de ſes compagnes.

Le Joueur de Muſette, 1514, (original & copie).

Vieillard mettant la main à l'Eſcarcelle, pour obtenir les faveurs d'une Femme qui eſt aſſiſe près de lui, (la compoſition de ce ſujet eſt attribuée à Iſr. Van Mekeln).

Vieillard ſec & décharné faiſant violence à une jeune femme aſſiſe près de lui ; compoſition attribuée au même.

Sauvage près d'une Femme habillée à l'allemande, ſupportant un Ecuſſon avec Tête de Mort, couronné d'un Caſque & de ſes Lambrequins, gravée en 1503, (original & copie).

Des Armoiries où l'on voit un Lion rampant, couronnées d'un Caſque ſurmonté d'un Coq.

Un petit Ecuſſon blanc couronné d'un Caſque, Pièce attribuée à Albert-Durer.

Quatre Femmes nues, debout ſous un Globe portant les lettres initiales de la Prière allemande *o gott Hüte!* avec la date de 1497 ; un démon ſe voit dans le fond, à terre une tête de mort & des oſſemens. Cette Pièce, copie d'après Iſraël Van Mekeln, & vulgairement connue ſous le titre des trois Graces, n'eſt, ſelon Sandrart, qu'une aſſemblée de Sorcieres.

Femme ſurpriſe entre les bras d'un Satyre par une autre femme ; l'invention de ce morceau eſt attribuée à Michel Wolgemuth, maître d'Albert-Durer.

Cochon monſtrueux à deux corps & à huit pieds.

Cavalier armé de toutes pièces, eſcorté par la Mort qui lui préſente un Sablier, & ſuivi à la droite par un monſtre ; ſujet gravé en 1513, connu ſous le titre du Cheval de la Mort.

La Copie du même ſujet, mais de ſens oppoſé, & daté de 1564.

Suite des Pièces d'Albert-Durer.

Un jeune Homme & une Dame se promenant ensemble, la Mort cachée derrière un arbre, se voit près de là; morceau copié d'après Israël Van Mekeln.

Une Assemblée de Gens de guerre, parmi lesquels on remarque deux Officiers en manteau, près d'un Soldat appuyé sur une hallebarde.

Soldat près d'un Cheval, & un Cheval accompagné d'un Soldat ayant des aîles aux talons; Pièces gravées en 1505.

Un Turc suivi de Soldats hongrois, regardant passer une pièce de canon; sujet à l'eau forte sur planche de fer, en 1518.

La même Composition, copie de sens opposé, par J. Hopfer.

Quatre Hommes pleurant près d'une Femme morte, Pièce à l'eau forte sur étain.

Un Monument d'architecture, où l'on voit Albert-Durer peintre & graveur, & Lucas Kilian architecte.

Soixante-huit Pièces, en taille de bois; on y distingue les vingt morceaux de la Vie de la Vierge, & trente-six de la Vie & Passion de Notre Seigneur; les autres offrent des Sujets sacrés & profanes.

Trente-sept Pièces d'après Albert-Durer, par Marc-Antonio & autres; sujets de la Vie & Passion de N. S.

Le Calvaire, par Jac. Matham.

Jésus en Croix, petite Pièce par Vences. Hollar.

Le Christ mort sur les genoux de la Vierge, par Hen. Goltzius.

La Vierge dite au Hibou, par Gil. Sadeler.

L'Ascension de la Vierge, par B. Botti.

S. George & S. Christophe, petites Pièces par Vences. Hollar.

Trois Bustes, Vieillard, jeune Garçon & jeune Fille, par Gil. Sadeler.

Cette suite est contenue dans 1 vol. gr. in-fol. mar. r.]

726   Œuvres de DANIEL JÉRÔME ET LAMBERT HOPFER, frères, orfévres & graveurs du

ſeizième ſiècle, préſentant des Sujets de
l'hiſtoire ſacrée & profane, Scènes familières, Portraits, Monumens gothiques,
Ornemens, Arabeſques, Alphabet, &c.
ſur leurs deſſins, ou d'après Raffaello Sanctio d'Urbino, Albert-Durer & autres ; deux
cent cinquante - ſix Morceaux, dans un
i. -fol.

727   Recueil de cent cinquante Sujets fabuleux,
&c. compoſés & gravés à l'eau forte, par
WILLEM BAUR ; in-fol.

728   Œuvre de GERARD de LAIRESSE ou LA-
RESSE, peintre né à Liége en 1640, mort
à Amſterdam en 1711 ; cent trente-quatre
Pièces, Sujets ſacrés & profanes, Allégo-
ries, Emblêmes, &c. compoſés & gravés
par ce maître, & d'après lui, par Geo.
Valck, Ab Bloteling, J. Golé, H. Bary,
J. Munnichuyſen, Math. Pool, P. Vanden
Berge, Ab. de Blois, &c. pluſieurs des
Pièces de G. Laireſſe ſont doubles d'épr.
avant la lettre ou avec différences ; en
tète du Recueil eſt placé le Portrait de
cet artiſte, gravé en manière noire, par
P. Schenck ; in-fol. v. éc. tr. & fil. dor.

729   Un double exemplaire du même Ouvrage
en 116 morceaux ſeulement ; in fol. baſ.

730   Œuvre de GEORGE-FRÉDÉRIC SCHMIDT,
deſſinateur & graveur à l'eau forte & au
burin, né à Berlin en 1712, mort dans la
même ville en 1775, élève de G. P. Buſch.
ſuivit à Paris les leçons de Nic. de Lar-
meſſin : des travaux raiſonnés, une coupe
brillante & ferme, & un ſentiment qui

Suite des Pièces de Schmidt.

femble donner la vie, font rechercher fes Eftampes au burin ; on trouve dans fes Eaux fortes la touche fine & fpirituelle & l'harmonie des Ouvrages des La Belle, des Benedette & des Rembrandt.

DÉTAIL DE L'ŒUVRE.

Deux Portraits de cet artifte, vu à mi-corps, affis & occupé à deffiner ; dans le fecond Portrait Schmidt eft près d'une croifée où fe voit une toile d'araignée, morceaux fur fes deffins, gravés en 1752 & 1758 (1).

Le Portrait de Dorothée Louife Viedebant, époufe de Schmidt déffinée par cet artifte ; elle eft vue à mi-corps, affife paroiffant réfléchir fur les Œuvres du philofophe de Sans Souci, 1761. *

La même en Coufeufe, 1753, autre en petit Bufte vue de profil & coëffée en cheveux, fur les deffins de Schmidt. *

Sujets d'après différens Maîtres.

ECOLE D'ITALIE.

La Préfentation de la Vierge au Temple, d'après P. Tefta, 1771. *

Vierge les mains jointes, d'après Saffo Ferrato, 1763. *

Timoclé juftifié par Alexandre, & la confiance de ce prince dans Philippe fon médecin ; d'après Ann. Carracci, 1769. le fecond morceau eft avant la lettre. *

Deux Scènes de Polichinelles, d'après D. Tiepolo, 1751. *

Cinq Têtes d'Enfans, feuille d'étude, d'après P. Francefchi dit Fiamingo, 1767. *

---

(1) Les dates placées à la fuite des Pièces de ce maître, indiquent l'année de leur publication ; on a défigné par une Etoile mife après la defcription du morceau ou de l'année, celles rangées dans la claffe des Eaux fortes.

Suite des Pièces de Schmidt.

ÉCOLE DES PAYS-BAS.

La Vierge, l'Enfant Jésus & S. Jean, d'après Ant. Van Dyck, 1773. *

Trois Enfans mangeant des raisins, Bas reliefs d'après Fr. Flamand dit Le Quesnoy, 1770. *

Morceaux d'après Paul Van Rhyn dit Rembrandt.

Le Patriarche Jacob, Buste, 1757. *
Tobie raillé par sa femme, 1773. *
Loth & ses filles, 1771. *
J. Ch. guérissant la fille de Jaïre, 1767. *
Le même couronné d'épines & présenté au peuple, 1756. *
Le vieil Anchise, ou un Philosophe dans une grotte, 1768. *
Le Prince de Gueldre menaçant son père emprisonné, 1756. *
La Fiancée juive, & son père réglant sa dot; la première de 1769, l'autre de 1770. *
Vieille tenant des lunettes, dite la Mère de Rembrandt, 1774. *
Jeune Femme dite la Princesse d'Orange, 1767 *
Jeune Femme tenant un éventail ouvert, 1765. *
Jeune Homme le coude sur un appui, 1763. *
Vieillard Persan, 1756. *
Jeune Militaire, 1771. *
Homme du moyen âge, portant une robe fourrée, 1771. *
Vieille les mains jointes, dite la Mère de Rembrandt, 1762. *
Vieillard à moustache, vu de profil, 1758. *
Buste d'Homme tête nue, 1768. *
Homme de moyen âge, tête nue, 1754. *
Jeune Homme portant moustache, 1753. *
Vieille dite la Pouilleuse, 1755. *
Deux Têtes, Vieux & Vieille vus de trois quarts forcés. *
Tête de Vieillard, dessinée & gravée par Rembrandt;

Suite des Pièces de Schmidt.

Schmidt ayant acquis cette Planche, la termina d'après un deſſin de Le Sueur; deux épr. la première avec la tête ſeulement, l'autre telle que Schmidt l'a terminée, 1770. *

S. Pierre en prière après ſon reniement, d'après Ferd. Bol, 1770. *

Cats expliquant à Guillaume II. prince d'Orange, un trait de l'hiſtoire de ſes ancêtres, d'après Gov. Flinck, 1772. *

Une Tête de Vieillard à barbe, deux de jeune Homme & de jeune Femme, d'après le même, la première en 1772. les autres en 1765 & 1766. *

Intérieur de Chambre, avec Buveur & Fumeur à table, d'après Ad. Van Oſtade, 1757. *

Agar préſentée à Abraham, d'après Ch. Will. Erneſt Dietricy, 1773. *

La Préſentation au Temple, d'après le même, 1769. *

ÉCOLE FRANÇAISE.

Le Théatre italien, d'après Nic, Lancret, 1736.

Le Turc amoureux & la Belle Grecque, Pièces d'après le même, 1736.

Tête d'Enfant, d'après Fr. Boucher, gravée en manière de crayon, 1759.

PORTRAITS.

Souverains & Hommes d'épée.

Frédéric, roi de Pruſſe, d'ap. Ant. Peſne, 1737 ou 1739.

Le même, 1743.

Conſtantin, prince de Valachie & de Moldavie, d'après Liotard de Genève, 1737 ou 1739.

Philippe V, roi d'Eſpagne, d'après Vanloo, 1744, deux épr. la première avec le médaillon du Portrait, entouré de drapeaux & autres attributs.

Auguſte III, roi de Pologne, d'après L. Silveſtre, 1743.

Suite des Pièces de Schmidt.

Rasumowsky, d'après L. Tocqué, 1762.

L'amiral de Coligny & le maréchal de Villars ; le second d'après H. Rigaud, 1737.

Le comte d'Evreux, d'après le même, 1739.

Hommes d'Eglise & Ministres.

De Bauveau, archevéque de Narbonne, Portrait pour l'oraison funèbre de ce prélat ; d'après H. Rigaud, 1738, les ornemens d'après Ch. Nic. Cochin fils.

S. Albin, archevéque de Cambray ; d'après le même, 1741, deux épr. une avant la lettre & les armes.

Caylus, évéque d'Auxerre, d'après Fontaine, 1739, deux épr. la première avec la lettre écrite à la main.

Bignon, abbé de S. Quentin, d'après H. Rigaud, 1737 ou 1739, deux épr. avec différences.

Le Prêtre d'Avollé, 1737.

N. Eti. Senadon, d'après L. Cars, 1737.

Tournus & le diacre Pâris, (ou sujet du Pélerinage de Piété), 1737 ou 1739.

Le ministre Bosc, d'après Chevalier, 1737 ou 1739.

Desfontaines, d'après L. Tocqué, 1743.

F. W. Borck, ministre, d'après Ant. Pesne, 1764.

J. Le Chambrier, ministre, d'après Lundeberg, 1744.

De Woronzow, d'après L. Tocqué, 1758.

D'Esterhasi, d'après le même, 1759.

Law, contrôleur général ; d'après H. Rigaud, 1737 ou 1739, deux épr. avant & avec la lettre.

Savans, Poëtes, Artistes, &c.

Lieberkuhn médecin, d'après Rode de Berlin, 1757.[x]

Silva médecin ; d'après H. Rigaud, 1742.

Milton poëte anglais, 1737 ou 1739.

J. Bapt. Rousseau poëte, vu jusqu'aux genoux, d'après J. Aved, 1740.

Le Portrait du même, en Buste, d'après J. P. Sauvage, 1737 ou 1739.

P. Mignard peintre, d'après H. Rigaud, 1744, pièce gravée pour sa réception à l'académie de Paris.

Suite des Pièces de Schmidt.

Ch. Parrocel peintre, d'après le tableau de ce maître ; deux épr. avant & avec la lettre.

Ant. Pefne peintre, d'après le même, 1752.

De la Tour peintre, à fa croifée, d'après le tableau de cet artifte, 1751, gravé en 1742.

Portrait du même, un chapeau fur la tête, d'après une Etude au paftel qui fe trouve placée ici à côté de l'eftampe, 1772.

Thevenard muficien, d'après Gueflain, 1737 ou 1739.

Splitgerber banquier, d'après J. M. Fable, 1766.

Dinglinger jouaillier, d'après Ant. Pefne, 1769. *

Princeffes & Dames.

Elifabeth Pétrowna impératrice de Ruffie, fille de Pierre Premier. Voyez le n°. 667 du préfent catalogue.

Marie Jofeph reine de Pologne, d'après L. Silveftre, 1743.

Madame de Sévigné, d'après Ferdinand, 1737 ou 1739.

Anne de la Vigne, d'après le même, 1737 ou 1739.

Ninon de Lenclos, d'après le même, 1737 ou 1739.

Adrienne Le Couvreur, d'après Fontaine.

Clairon, d'après Ch. Nic. Cochin fils, 1757 ou 1758. *

Pièces gravées par ce Maître, fur fes Deffins. &c.

Un petit Payfage, en travers, 1773. *

Une Tête d'un oriental, avec croiffant, 1750. *

Un vieux Guerrier, 1750. *

Vieillard avec calotte. 1750. *

Tête d'Homme à barbe & bonnet à plume, 1750. *

Portraits.

Schouwalow, 1762, *

L'abbé Prevoft, 1745.

Le juif Hirfch Michel, 1762. *

Anne Louife d'Uurbach, 1763. *

Suite des Pièces de Schmidt.

Feuille d'Etudes de Têtes, gravée par Rode de Berlin, frère du peintre ; on y distingue le Portrait de J. Geor. Wille, d'après le deffin fait en 1744 , par G. Fred. Schmidt.

Les cent-huit Pièces ci-deffus dénommées, compris fix épreuves doubles contenues dans un grand in-fol. mar. r.

731 Œuvre de JEAN-GEORGE-WILLE, graveur au burin , né à Koenisberg , entre Gieffen & Vezlar en 1715 ; une étude confiante des Chefs-d'œuvres de la gravure développa les talens de cet artifte : formé fur d'auffi excellentes productions , devenu créateur d'une manière hardie , il conferva à travers des difficultés prefque infurmontables la févérité des formes & le fentiment de la nature ; traducteur des Terburg, des Gerard. Douw, des Mieris, des Netfcher, des Sckalken, des Rigaud & des Tocqué ; fon favant burin traite avec un égal fuccès le Portrait & l'Hiftoire : l'Allemagne en fe glorifiant d'avoir donné naiffance aux Albert-Durer & aux Goltzius, placera fans doute ce maître au rang des hommes dont les ouvrages honorent la Patrie.

DÉTAIL DE L'ŒUVRE.

Quatre Portraits de cet artifte , le premier gravé par Eti. Beiffon , d'après le tableau peint par J. Gafp. Heilmann en 1736; le fecond, dans un petit ovale, par Rode, d'après le deffin de G. Fr. Schmidt de Berlin en 1744 ; le troifième par P. Ch. Ingouf, d'après le deffin de P. Alex. Wille en 1771 ; le quatrième par J. G. Muller,

Suite des Pièces de Wille.

d'après le tableau de J. Bapt. Greuze en 1773 ; le premier Portrait est avant la lettre, & les deux derniers doubles d'épr. avant & avec la lettre.

Sujets historiques & autres.

ÉCOLE D'ITALIE.

Mort de Marc Antoine, d'après Girolamo Pompeo Battoni, épr. avant la lettre, 1778 (1).

ÉCOLE HOLLANDAISE.

Instruction paternelle, d'après Gér. Terburg, épr. avant la lettre, 1765.

Gaze ière hollandaise, d'après le même, 1758.

Ménagère hollandaise, d'après Ger. Douw, trois épr. deux sont avant la lettre, une d'elles n'est pas terminée, 1757.

Devideuse, mère de G. Douw, d'après le même, deux épr. avant & avec la lettre, 1755.

Liseuse, d'après le même, deux épr. avant & avec la lettre, 1761.

Tante de G. Douw, d'après le même, trois épr. deux sont avant la lettre, une d'elles est avant la couronne au-dessus de l'écusson, 1780.

Cuisinière hollandaise, d'après Gab. Metzu, 1756.

Observateur distrait, d'après Fr. Mieris, 1776.

Tricoteuse hollandaise, d'après le même, 1757.

ÉCOLE ALLEMANDE.

Bons Amis, d'après Adr. Van Ostade, deux épr. avant & avec la lettre, 1773.

Mort de Cléopâtre, d'après Gasp. Netscher, 1754.

Petit Physicien, d'après le même, 1761.

Concert de Famille, d'après God. Sckalken, épr. avant la lettre, 1769.

Jeune Joueur d'Instrument, d'après le même, 1762.

---

(1) Les dattes placées à la suite des morceaux de cet Œuvre, indiquent l'année où ils ont été gravés.

Suite des Pièces de Wille.

Agar préſentée à Abraham par Sara, d'après Ch. Will. Erneſt Dietricy, épr. avant la lettre, 1778.

Repos de la Vierge, d'après le même, deux épr. avant la lettre, l'une eſt ſans titre, 1776.

Muſiciens ambulans, d'après le même, deux épr. l'une avant la lettre, l'autre avec la lettre, mais avant l'E au mot Electorale, 1764.

Offres réciproques, d'après le même, deux épr. avant la lettre, la première avant les armes & avec une Etude de Payſage légèrement indiquée dans la marge à gauche au bas de la planche; la ſeconde avec les armes & des travaux ajouſés au ſujet, 1771.

Petite Ecolière, d'après Schenau, deux épr. avant & avec la lettre, 1771.

ÉCOLE FRANÇAISE.

Un Chriſt, petit morceau en hauteur.

Les Reïtres ou Lanſquenets, d'après Ch. Parrocel, cahier de douze Etudes à l'eau forte, 1753.

Titre hiſtorié pour la Bataille de Fontenoy, d'après Ch. Eiſen; Wille n'a gravé que la tête de Louis XV, le ſurplus de la planche eſt de P. Chenu, 1746.

Morceau repréſentant les moyens employés pour la fonte en bronze de la Statue de Louis XV.

Le Maréchal des Logis, d'après P. Alex. Wille fils, trois épr. avant la lettre; la première non terminée, eſt avant la bordure & les armes qui ſont à la ſeconde; le titre ſe lit à la troiſième, 1790.

Délices maternels, d'après le même, épr. avant la lettre, 1781.

Soins maternels, d'après le même, deux épr. avant la lettre; la première ſans armes ni titre, 1784.

Bonne Femme de Normandie, d'après le même, épr. avant la lettre, 1770.

Sœur de la Bonne Femme de Normandie, d'après le même, deux épr. avant & avec la lettre, 1774.

Philoſophe du temps paſſé, d'après le même, quatre épr. trois ſont avant la lettre, la première de celles ci eſt

ſans

Suite des Pièces de Wille.

fans les armes qui fe trouvent indiquées à la feconde , la troifieme eft avec le titre & les armes , 1782.

Maitreffe d'Ecole, d'après le même , deux épr. avant & avec la lettre, 1771.

Sapeur des Gardes Suiffes , deffiné & gravé par J. G. Wille , trois épr. deux font avant la lettre; la première eft fans les armes, des changemens faits à la natte de cheveux fe remarquent à la feconde.

P O R T R A I T S.

Souverains & Hommes d'Epée.

Frédéric II , roi de Pruffe, vu à mi-corps , un chapeau fur la tête ; d'après Ant. Pefne , 1757 , deux épr. avant & avec la lettre.

Frédéric II en cuiraffe, Planche de format in-8°. d'après le même , 1743.

Frédéric II , Planche de format in-4°.

Charles Frédéric, margrave de Bade d'Urlach; d'après J. F. Guillibaud, Portrait pour les Œuvres de Pope, 1741.

Le prince d'Anhalt d'Effau , d'après Ant. Pefne , pour la fuite publiée par Odieuvre , 1738.

Charles Théodore , comte Palatin & électeur, d'après J. G. Ziefenis , 1748.

Hoffman gentilhomme danois, d'après L. Tocqué, petit Portrait pour placer en tête de fon ouvrage fur les Grands Hommes de Dannemarck , ainfi que celui du fuivant , auquel il eft dédié, 1745.

Berregard gentilhomme danois , d'après le même , deux épr. l'une avec le Portrait feulement, l'autre avec les Figures allégoriques & le fond d'architecture autour du médaillon, d'après le deffin de Ch. Nic. Cochin fils , par Sim. Fokke à Amfterdam , 1745.

Jérôme d'Erlach, d'après le Ch. Rufcat , deux épr. la première eft avec l'infcription en allemand.

Claude d'Aumale, d'après J. Chevalier, 1751.

Dix-fept Portraits des rois de France , le premier

M

Suite des Pièces de Wille.

préfente Childéric II, & le dernier Louis VI dit le Gros ; d'après A. Boizot, pour la fuite d'Odieuvre, 1738 & 1739.

Louis XV à cheval , d'après Ch. Parrocel ; la Tête du roi, d'après J. Chevalier, fur le Bufte exécuté par J. Bap. Le Moine, 1747 ; Pièce fervant de Frontifpice au vol. des fêtes données à Strasbourg en 1744.

Louis XV , d'après J. G. Heilmann , fur le Bufte exécuté en marbre par J. Bapt. Le Moine , Portrait avec l'infcrip ion *Ludovicus Victor & Pacator*, 1748.

Louis dauphin de France, fils de Louis XV , d'après Klein, 1745.

Le maréchal de Catinat, d'après N . . . ., pour la fuite d'Odieuvre , 1739.

Le maréchal de Belle-Ifle , d'après H. Rigaud , deux épr. la première eft avant les armes, 1743.

Le maréchal de Saxe, d'après le même , 1745.

Le maréchal de Loewendal , d'après Maur. Quent. de la Tour ; deux épr. la première eft avant la bordure terminée & fans armes ni lettre , 1749.

François de Villeroy , d'après J. Chevalier, 1744.

Olivier Cromwel , copie de l'eftampe de P. Lombart , d'après le Portrait de Charles Premier, peint par **Ant.** Van Dyck, auquel fut fubftitué celui du Protecteur , Portrait pour la fuite d'Odieuvre, 1739.

Charles Edouard , fils aîné de Jac. Stuard , Portrait gravé par Wille, mais avec le nom de J. Daullé , 1744.

Charles de Galle en cuiraffe, d'après L. Tocqué, 1748.

Henri Benoift , deuxième fils de Jac. Stuard , frère du précédent.

Hommes d'Eglife & de Robe , &c.

Emmanuel Pinto, grand maître de Malthe ; par **J. G.** Wille, fous le nom de J. Daullé.

Le cardinal de Tencin, d'après Ch. Parrocel.

Le Portrait du même, d'après J. G. Heilmann.

Le cardinal Columna , d'après G. P. Battoni, 1754.

L'archevéque de Narbonne , d'après J. G. R . . . , petite Planche pour l'oraifon funèbre de ce prélat.

Suite des Pièces de Wille.

Henri Benoist évêque de Bâle , portrait gravé pour une thèse.

Claude de S. Simon évêque ; d'après H. Rigaud, par Wille, la Tête du prélat feulement gravée par J. Daullé . épr. avant la troifième ligne, 1742.

Antoine de Singlin religieux , d'après Ph. de Champagne , deux épr. avant & avec la lettre.

Michel Maneffier religieux auguftin , d'après C. Vanloo, 1748.

Boullongne contrôleur général, d'après H. Rigaud, deux épr. avant & avec la lettre, 1758.

L. Ph. de S. Florentin , d'après L. Tocqué , épr. avant la qualité de miniftre & avec les fix maillets blancs dans les armes, 1751.

Poiffon de Marigny , d'après le même, (gravé pour la réception de Wille à l'académie de Paris), deux épreuves, la première avant le bout de l'épée & la lettre, la feconde avant l'infcription de la réception à l'académie, 1761.

Berrier, lieutenant de police , d'après Delyen, deux épr. avant & avec la lettre.

Scavans & Artiftes.

Chriftian Wolff mathématicien , d'après A. D...., deux épr. avant & avec la lettre, Pour la fuite d'Odieuvre, 1741.

Bernard Belidor mathématicien, d'après L. Vigée, 1750.

Henri Liebaux géographe , d'après J. Chevalier, 1747.

Franc. Quefnay médecin , vu en pied dans fon cabinet, d'après le même , deux épr. avant & avec la lettre, 1747.

Le Portrait du même, Bufte dans un petit ovale, d'après le même peintre, 1747.

Franc. Chicoyneau médecin , d'après P. Le Sueur, 1744.

Nic. Le Cat chirurgien, d'après Thomiers, 1747, deux épr. avant & avec la lettre.

Suite des Pièces de Wille.

P. Boudou chirurgien, gravé par Wille, pour Cl.
Duflos dont il porte le nom, 1739.

Alexandre Pope, d'après G. Kneller, pour placer
en tête des Œuvres de ce poëte, 1745.

Ant. Franc. Prevoſt, d'après Ch. Nic. Cochin fils,
pour l'Hiſtoire des Voyages, édit. in-8°. 1746.

Briſeux architecte, pour placer en tête de ſon ouvrage
ſur l'Art de bâtir des maiſons de campagne, deſſiné &
gravé par Wille, deux épr. 1742.

Joſeph Parrocel peintre, d'après H. Rigaud, 1744.

Nic. de Largillière peintre, d'après le tableau de ce
maître, pour la ſuite d'Odieuvre, 1738.

J. Bapt. Maſſé peintre, d'après L. Tocqué, deux épr.
avant & avec la lettre, 1755; Ch. Nic. Cochin a gravé
l'Eau-forte du ſujet de Plafond que cet artiſte tient à la
main.

Jean Martin Preiſler graveur, deſſiné & gravé par
Wille, 1743.

Princeſſes & Dames.

Eliſab. Auguſta épouſe de Ch. Théodore électeur,
d'ap. J. G. Ziſenis 1738.

Marie Théréſe d'Eſpagne dauphine de France, d'a-
près Klein, 1745

Marie Joſeph de Saxe dauphine de France, d'après
le mem. 1747.

Magd. Scuderi, d'après Eliſ. Cheron, 1739.

Eliſ. de Gou, femme de Rigaud peintre, d'après le
tableau de ce maître; deux épr. la première avec la
lettre écrite à la main, 1743.

Marg. Eliſ. de Largillière, d'après Nic. de Largillière,
1738.

Armoiries de l'archevêque de Narbonne, pour l'orai-
ſon funèbre de ce prélat, d'après le deſſin de J. G. Wille,
par J. Bap. Joſ de la Feuille.

Le tout contenu dans un vol. in-fol. rel. en mar. r. den.

732   Recueil de ſix cents Pièces, plus de cinq

cents compofées & gravées à l'eau-forte
par DANIEL CHODOWIECHI, peintre,
né à Dantzic en 172.. On diftingue dans
ce nombre, la Vifitation, l'Adoration des
Bergers, Jéfus au Temple & au Défert, la
Bataille gagnée fur les Turcs en 1770, par
le fld maréchal de Romarzoff, la fuite des
fujets de la guerre d'Amérique, Trait de
l'hiftoire d'Oberon, Feuilles de Charges,
Griffonnemens, Modes, Vignettes du Gil-
blas de Le Sage, celles de l'Hélciſe de J.
J. Rouffeau, du Voyage Sertimental de
Stern, des Mifères humaines de Salzmann,
de Lettres de Veiffe, du Centifolium Stul-
torum & de Sigfrid de Lindenberg, Figures pour divers Allemanachs de Berlin
& Lavenbourg, Portraits d'Henri prince
de Pruffe, Stoff, Boehm & Dietricy, ce
dernier d'après Réclam, &c. 1 vol. pet.
in-fol. par h. v.

733 Œuvre de François EDMUND WEIROTTER,
peintre, né à Infpruck en 1730, mort à
Vienne en Autriche en 1771, compofé de
Suites de Payfages, la plupart deffinées d'a-
près nature, gravées à l'eau forte; en cent
onze Pièces, à la fuite fe trouvent les
Saifons, les Mois de l'année & une Tempête, les premières d'après J. Van Goyen
& P. Molyn, la dernière d'après Jof.
Vernet, en tout cent dix huit morceaux,
plufieurs font doubles, d'autres feulement à l'eau-forte, 1. volume petit in-fol.
cart.

M 3

734 Recueil de cent-vingt huit Pièces, Sujets d'Enfans & Payſages, compoſés & gravés à l'eau-forte par FERDINAND KOBELL, peintre, né à Manheim, 1 vol in-4°. cart.

735 Recueil de trente Payſages, compoſés & gravés à l'eau-forte par J. C. DIETZSCH à Nuremberg ; pluſieurs de ces Pièces portent la date de 1760. 1 vol. in-4°. obl. cart.

ÉCOLE D'ANGLETERRE.

736 Recueil de Pièces, par WILLIAM BAIL-LIE, amateur anglais ; gravées dans la manière de Rembrandt : autres au pointillé & à l'eau-forte d'après Zuccheri, Schidone, Mazzuoli, Guido Reni, Barbieri, Van Dyck, Teniers, Rembrandt, Eeckhout, Terburg, G. Douw, Mieris, Van den Velde, Vander Meer, Dufart, Van Goyen, Molyn, Rottenhamer, Oſtade, Hals, Netſcher, Hone, Le Nain, Le Pouſſin, Le Valentin & autres ; on y diſtingue les Vieillards confondus en préſence de Daniel, la Sainte Famille, pluſieurs Scènes de Tabagies, Bambochades, Jeux d'Enfans, Marines, Payſages ; Portraits du prince d'Orange, du duc de Monmouth & de Fr. Hals ; quelques unes des pièces ſont doubles & avec des différences : on remarque dans les autres N. S. guériſſant les malades, morceau connu ſous le titre de Pièce de Cent Florins, Planche originale

de Rembrandt, retouchée par W. Baillie, (épr. tirée fur fatin) le Payfage aux trois arbres & le Portrait de Vitenbogaard ou le Pefeur d'or, d'après ce maître ; le dernier morceau eft double avant & avec la lettre, &c. en tout foixante-dix-fept Pièces contenues dans 1 vol. in-fol. rel.

737 Œuvre de ROBERT STRANGE, peintre en miniature & graveur au burin, né à Pomona, l'une des ifles Orcades, à la partie feptentrionale de l'Ecoffe, en 1723, mort à Londres en 17.., éléve pour la gravure, de Jac. Ph. Le Bas, graveur français ; un heureux choix de tableaux, des travaux gracieux, une exécution harmonieufe, diftinguent les ouvrages de ce maître.

DÉTAIL DE L'ŒUVRE.

ÉCOLE D'ITALIE.

Sainte Cécile accompagnée de la Madeleine & de plufieurs Saints, d'après le tableau de Raffaello Sanctio d'Urbino, peint pour l'Eglife de S. Jean *in Monte* à Bologne, qui fe voit actuellement en France au Muféum de Paris.

La Juftice & la Douceur, d'après les Peintures du même, dans une des chambres du Vatican.

Fauftule ayant trouvé une Louve qui allaitoit Remus & Romulus fur les bords du Tibre, apporte un de ces enfans à fa femme Laurentia. Céfar répudie Pompeia, & époufe Calpurnie, pièces d'après les tableaux de Pietro Berettini da Cortona, de la Galerie du ci-devant Hôtel Touloufe, préfentement au Muféum de Paris.

Apollon couronne le Mérite & punit l'Arrogance, d'après Andrea Sacchi.

Parce Somnum rumpere & Te Deum laudamus,

Suite des Pièces de Strange.

d'après Carlo Maratti, ſujets de demi-figures, le premier connu ſous le titre du Silence.

La Vierge accompagnée de la Madeleine & de S. Jérôme, d'après Antonio Allegri da Correggio, dit le Corrége ; ce tableau, l'ornement d'une des ſalles de l'académie de Parme, ſe voit actuellement au Muſeum de Paris.

La Madeleine en méditation, ſujet de demi-figure dans un ovale, d'après le même.

Cupidon, d'après Bartoloméo Schidone.

Deux Enfans près des Tables de la Loi, ſujet de demi-figures dans un ovale, d'après le même.

La Maîtreſſe de Franceſco Mazzuoli tenant un enfant dans ſes bras, ſujet de demi-figures, d'après le tableau de ce peintre.

Morceaux d'après Guido Reni, dit le Guide.

La Chaſteté de Joſeph, ſujet de demi-figures.

L'Annonciation de la Vierge, d'après le tableau des ci-devant Carmelites de la rue d'Enfer, qui ſe voit actuellement au Muſéum ; épr. avant la lettre.

La Vierge & l'Ange, vus en Buſtes.

La Vierge près de l'Enfant Jéſus endormi, deux épr. avant & avec la lettre.

La Madeleine, ſujet de demi-figure.

Sainte Marie Egyptienne à laquelle des Anges apparoiſſent.

Cléopâtre ſe faiſant piquer le ſein par un aſpic.

Cléopâtre debout appuyée ſur des carreaux, reçoit la piqûre de l'aſpic.

La Fortune & l'Amour, allégorie, d'après le tableau qui orne le Muſeum du Capitole à Rome.

Vénus parée par les Graces.

Le Sommeil de l'Amour.

La Libéralité & la Modeſtie.

D'après Giovanni Franc. Barbieri, dit le Guerchin.

Agar renvoyée par Abraham & l'Evanouiſſement d'Eſther devant Aſſuerus, ſujets de demi-figures.

Suite des Pièces de Strange.

Jésus Christ apparoissant à la Vierge, d'après le tableau de l'Eglise du *Nome di Dio à Cento*, actuellement au Muséum de Paris.

Didon après le départ d'Enée, se poignarde sur un Bucher.

Sainte Agnès à laquelle un Ange apporte la Palme & la Couronne du Martyre, d'après Dom. Zampieri.

Vénus liant le Bandeau qui couvre les yeux de l'Amour, sujet de demi-figures, d'après Tiziano Vecellio da Cadore.

Vénus & Adonis, d'après le même.

Danaë recevant Jupiter en Pluie d'or, & Vénus couchée, sujets d'après le même, épr. avant la lettre.

Laomedon roi de Troye, menacé de la colère de Neptune & d'Apollon, sujet de demi-figures, d'après Salvatore Rosa.

Bélisaire, général des armées de l'empereur Justinien, réduit à la mendicité, d'après le même, deux épr. avant & avec la lettre.

S. Jean tenant une Couronne d'Epines, d'après Bartol. Stefano Murillio, épr. avant la lettre.

ECOLE DES PAYS-BAS.

D'après Antoine Van Dyck.

Enfant couché & endormi, tenant de la main droite une Banderole, épr. avant la lettre.

Charles Premier roi d'Angleterre, debout, en pied & en manteau.

Le Portrait du même, en pied près de son cheval, d'après le tableau qui se voit au Muséum de Paris, épr. avant la lettre.

Henriette d'Angleterre femme de Charles Premier, & ses enfans, épr. avant la lettre. Ce morceau gravé d'après un tableau qui se voit à Londres, sert de pendant au précédent.

Les trois Enfans de Charles Premier.

Le Retour du Marché, d'après Ph. Wouwermans.

Apothéoſe des Enfans du roi d'Angleterre, d'après Benj. Weſt, épr. avant la lettre.

E C O L E   F R A N Ç A I S E.

Le Jugement d'Hercule, d'après Nic. Pouſſin.

L'Amour debout tenant ſon arc, d'après C. Vanloo, deux épr. avant & avec la lettre.

Chaſſe au Cerf, très-petit ſujet en forme de vignette, dans une bordure à ornemens.

Charles Edouard, fils aîné de Jacques Stuard, Prétendant à la couronne d'Angleterre, très-petit Portrait dans un ovale.

Le tout contenu dans un vol. in-fol. rel. en v.

ÉCOLE DE FRANCE.

738 Œuvres d'Etienne Delaulne, dit Stephanus, deſſinateur & graveur, né à Orléans en 1518, repréſentant des Sujets ſacrés & profanes, Emblêmes, Mois de l'année, Chaſſes, Payſages, Arabeſques & Ornemens, exécutés pour les ouvrages damaſquinés ; ſix cents Pièces, dans le nombre deſquels on diſtingue quelques morceaux d'après des maîtres d'Italie. Petit in-fol. obl. v. br.

739 Recueil de Pièces d'après Simon Vouet, peintre, né à Paris en 1582, mort dans la même ville en 1641, repréſentant des Sujets de l'ancien & du nouveau Teſtament, Traits fabuleux & hiſtoriques, Suite de Groteſques, Portraits, &c. par K. Audran, J. Boulanger, P. Daret, Mich. Dorigny, Mich. Laſne, Franc. Perrier & Franc. Tortebat. Cent-vingt Pièces dans un vol. in.fol. rel. en v.

740 La Vie de S. Bruno, fondateur de l'Ordre des Chartreux, vingt deux morceaux d'après les tableaux d'Eustache le Sueur, par Fr. Chauveau, non compris le titre dont on trouve ici deux épr. doubles, l'une avant la lettre, l'autre avec l'inscription *Vous aimerez le Seigneur...*, un Sujet de S. Bruno dans la solitude, d'après Ch. de la Fosse, &c. vingt six pièces. 1 vol. in-4. cart.

741 Les Peintures d'Eustache le Sueur & de Charles le Brun, à l'hôtel du Châtelet, ou maison Lambert; trente-six morceaux gravés par Bern. Picart, sur ses dessins, & d'après lui, par L. Desplaces, Cl. Aug. Duflos, Nic. Dauph. de Beauvais, &c. dix neuf sont d'après Le Sueur, & quatorze d'après Le Brun; les trois autres offrent les Vues intérieures de l'antichambre, du cabinet & la perspective de la galerie; ces derniers morceaux & dix-huit de ceux d'après Le Sueur, sont avant la lettre; une description est placée en tête de l'ouvrage. Paris Duchange 1740, in-fol. cart.

742 Recueil de trois cents Pièces, par Claude Mellan, sur ses dessins, ou d'après Jacopo Robusti. Sim. Vouet & autres; Sujets sacrés & profanes, Portraits, Thèses, Vignettes, Armoiries, Titres, Lettres griles, Statues & Bustes; on y distingue la Sainte Face, S. Ambroise, S. Antoine de Padoue, S. François, S. Jérôme, S. Alexis,

La Madeleine ; Portraits de Justinien , de Pereisc , Statues de la Galerie Justinienne & de Versailles ; le tout forme 2 vol. in-fol.

743 Recueil de cent soixante dix morceaux, par GÉRARD EDELINCK , graveur, né à Anvers en 1627 , éleve de Corn. Galle & de Franc. de Poilly, mort à Paris en 1707. Des travaux purs & brillans , un dessin correct , une fonte admirable de couleur , un sentiment & une expression qui semblent donner la vie, distinguent les ouvrages de cet homme célèbre ; on remarque dans les pièces de cette suite, la Vierge (dite la Couseuse), d'après Guido Reni, Moyse tenant les Tables de la Loi , (Pl. commencée par Rob. Nanteuil), la Vierge au pied de la croix, & trois sujets de Saints & Apôtres, d'après Fh. de Champagne ; la Sainte Famille ou le *Benedicite* , Jésus en croix adoré par les Anges, S Charles Borromée & S. Louis en prière, la Madeleine pénitente, deux Thèses sur la Religion & la Philosophie, d'après Charl. Le Brun, (le Christ & les deux Thèses en deux feuilles chaque), Frontispices, Titres & Vignettes d'après Mignard & Hallé, Portraits de Le Tellier, Arnauld, les maréchaux Fabert, d'Harcourt, de Noailles, de Villeroy ; Bussi Rabutin, Berbier du Metz, Van Leuwen & Savry, (ces trois derniers, épreuves doubles avant & avec la lettre), Fagon, épreuves avant les vers latins, Le Tellier, Colbert, Louvois,

Nathanaël Dilgerus, La Fontaine, S.
Evremont, Le Brun, Mignard, Champagne, Rigaud, Desjardins, Keller, Nanteuil & Silveftre, (de ces trois derniers
Portraits, les premiers font avant la lettre, le dernier avant la vue de Paris),
Manfart, Perrault & Bertin, la princeffe
Ulrica Éléonore & Mad. de Miramion,
(les quatre derniers, épr. avant & avec la
lettre), Mad. Hélyot tenant un crucifix, &c. 1 vol. gr. in fol. v. dent. d. En
tête eft placé le Portrait de Gérard Edelinck, gravé par René Devaux, d'après J.
Tortebat.

744 Œuvre de FRANÇOIS VIVARÈS, deffinateur & graveur à l'eau-forte & au burin, né
le 11 juillet 1709, dans le village de S.
Jean de Bruel en Rouergue, mort à Londres en 1780, âgé de foixante-onze ans.
L'Étude de la nature & celle des Eftampes
de Gabriël Perelle, développèrent les talens de cet homme célèbre. Paffé en Angleterre en 1727, il s'exerça dans la gravure
du Payfage qu'il porta à un dégré de mérite jufqu'alors inconnu. On trouve dans
le feuillée de fes arbres une telle légéreté,
qu'il femble agité par l'air. Si les burins
des Marc Antoine, des Vorfterman, des
Bolfwert, des Audran & des Edelinck,
ont concourus à immortalifer les ouvrages des Raphaël, des Rubens, des Van
Dyck & des Le Brun; nous croyons que
la dégradation aërienne, la vérité & la

magie avec leſquelles il a rendu l'effet de la nature dans ſes Payſages d'après Claude Le Lorrain, en augmentant les admirateurs de ce grand peintre, aſſurent à F. Vivarès le rang de premier graveur de Payſage.

DÉTAIL DE L'ŒUVRE.

ÉCOLE D'ITALIE.

Une Tempête ; on y voit Jonas jetté à la mer par des Matelots ; un gros tems ſur terre, une Vue de Tivoli & quatre Payſages avec figures & animaux, d'après Gaſparo Dughet ſurnommé le Pouſſin, ſept pieces ; deux des dernieres ſont accompagnées d'épr. d'Eau-forte, en tout neuf morceaux.

Réunion de Veſtiges antiques d'Italie, deux pièces d'aprè Gio Paolo Pannini

Nôces & Bal champêtres d'Italie ; compoſitions de forme ronde, d'après Franc. Zuccarelli, (les figures gravées par Franc. Bartolozzi).

Le Berger ſoigneux & joyeux, paſſant le gué, & Plaiſirs champêtres ; autres Payſages ornés de figures & animaux, dix pièces d'près Franc. Zuccarelli.

Attaque de Voleurs & Partage de leurs rapines, d'après Franceſco Simonini.

Jéſus intercédé par un ſeigneur de Capharnaüm pour la guériſon de ſon fils, d'après Franceſco Mielly.

Un Payſage avec figures, d'après Martorelli.

Quatre pièces, Veſtiges antiques, d'après Marc Ricci.

ÉCOLE DE FLANDRE.

Le Tems de la Récolte, d'après P. P. Rubers.
Les Buveurs flamands, d'après D. Teniers.

ÉCOLE DE HOLLANDE.

Deux Payſages, l'un avec Pêcheurs, l'autre avec Chariot ; d'après Jean Van Goyen.
The Morning, the Evening, d'après Alb. Cuyp.
Payſage avec Famille de Payſan, d'après Nic. Berghem.

Suite des Pièces de Fr. Vivarès.

Les Voyageurs rustiques, d'après P. Potter, (les figu-grayées par Fr. Bartolozzi).

Un Clair de Lune, d'après Arn. Vander Neer.

Village dans un Bois, d'après M. Hobbema.

ÉCOLES D'ALLEMAGNE ET D'ANGLETERRE.

Paysage avec Nymphes & Satyres, & deux sujets de Conversations champêtres, d'après Franc. Paul Ferg.

Paysage avec figures, d'après Geor. Lambert.

Autre d'après Wooton.

Deux autres avec figures & animaux, & les Amans champêtres, trois morceaux d'après Th. Gainsborough.

Les Cueilleurs de Houblon, d'après Geor. Smith.

Sépulchre de *Cecilia Metella*, (deux épr. avant & avec la lettre), Temple de Minerve, Vues du Colisée, de *Ponte Rotto*, de l'abbaye de *Kirkstall*, des châteaux de *Kenilworth* & *Tinmouth*, du parc de *Fume*, autres de Jardins ; quinze pièces d'après Thom. Smith, deux des dernières sont avant la lettre.

Soleil levant & Soleil couchant, d'après Rydall & Dom. Serres.

Deux Vues de Jardins, d'après Bampfyld.

Vues de la Montagne des Géants en Irlande, deux pièces, d'après Sur. Drury.

Trophées représentant les Élémens, d'après Dodd ; ces quatre morceaux gravés à l'eau forte par Fr. Vivarès, ont été terminés par Jam. Masson & A. Benoist.

ÉCOLE DE FRANCE.

Tempête sur terre, d'après Nic. Poussin, un Episode de l'Histoire de Pyrame & Thisbé orne cette composition.

D'après Claude Gelée, dit le Lorrain.

Paysage où se voit la Sainte Famille fuyant en Egypte.

L'Enlévement d'Europe.

Sacrifice au Temple d'Apollon dans l'isle de Délos.

Scène champêtre.

Château enchanté, épr. avant la lettre.

Suite des Pièces de Vivarès.
D'après Cl. le Lorrain.

Payſage avec Ruines, Pont & Marche de figures &
animaux.

Vue des environs de Naples.

Quatre moyens Payſages, la plupart enrichis de Sujets
fabuleux, un d'eux avec épr. d'eau-forte.

Cinq Payſages d'après P. Patel; dans l'un Vénus eſt
ſervie par les Graces, (les figures de ce morceau ſont
gravées par Fr. Bartolozzi).

Le Matin & le Soir, d'après Joſ. Vernet.

Vues d'un Roc & d'une Caſcade, dans les jardins de
Boltom & Bolton, deſſinces & gravées par Fr. Vivarès.

Douze Payſages & Vues de Jardins; deux autres avec
Rochers & Architecture, deſſinés & gravés par le même,
les premiers en deux cahiers de ſix morceaux chaque.

Vingt-deux Pièces, Ruines & Payſages, d'après les
Eſtampes de Gio. Bat. Piraneſi, Ant. Waterloo, Fr.
Boucher, & J. Bapt. Le Prince; (celles de Fr. Boucher
portent le nom de P. Benazech).

Vue intérieure de Paris priſe du Pont Neuf, d'après
Peter Royer, par Thomas Vivarès.

Cent trente-quatre Morceaux dans un vol. gr. in-fol.
rel. en cart à dos de veau ; en tête eſt placé le Portrait
de Fr. Vivarès, gravé par Jean Caldwal, dans un médaillon ovale ſoutenu par deux Zéphirs ; le fond de l'Eſtampe eſt terminé par un Payſage exécuté par Fr. Vivarès.

745 Œuvre de JEAN DAULLÉ, graveur au
burin, né à Abbeville en 1709, mort à
Paris en 1763, repréſentant des Sujets
ſacrés & profanes, Payſages & Portraits
d'après des peintres célèbres d'Italie, de
Flandres & de France ; on a augmenté
ce recueil de ſoixante Portraits de perſonnages de différens états, pluſieurs épr.
ſont avant la lettre : cent quarante-quatre
pièces

Pièces au lieu de quatre-vingt-quatre, dont cette fuite eft ordinairement compofée ; 1 vol. in-fol. rel. en v. fil.

746 Œuvre de JOSEPH VERNET peintre, né à Avignon en 1714, mort à Paris en 1789, élève d'Adr. Manglard ; cet Œuvre eft compofé de cent foixante-cinq morceaux : on y diftingue un Payfage gravé à l'eau forte par Jof. Vernet ; la Tempête, le Calme & les Baigneufes, par J. Balechou ; deux fuites des Heures du jour, par Jac. Aliamet & J. L. Cathelin ; la Tempête, par J. Jac. Flipart ; Fête fur le Tibre & Pendant, par P. Duret ; les travaux d'un Port & le Pélerinage, par J. Daullé ; Vue de Paufilype, par Rob. Daudet ; celle d'Avignon, par P. Ant. Martini ; les feize Ports de France, par Jac. Ph. Le Bas & Ch. Nic. Cochin fils. ; les trois Eftampes de Balechou, anciennes épr. la feconde avant les tailles fur la dédicace, toutes les fuivantes avant la lettre ; le furplus préfente des Marines, Payfages, Vues de Jardins, Ports d'Italie & autres, par Avril, Bafan, Benazech, Bertaud, Binet, |Blanchon, Byrne, Coulet, Coufinet, de Flumel, de Longueil, de Lorraine, Dupin, le Gouaz, le Mire, Lempereur, le Veau, Marcenay, Martinet, Mafquelier, Miger, Nicolet, Ouvrier Jea. Mar. Ozanne, Pye, Sayer, Weirotter, Zingg, &c. ; quatre-vingt de ces dernières Pièces, avant la lettre, dix-fept feulement à l'eau-

N

forte ; il ſe trouve dans la totalité, des morceaux doubles ou avec différences, d'autres d'après G. de la Croix & Ch. Metay ; 2 vol. in-fol. rel. en v. fil. En tête de chaque vol. on a placé une épr. du Portrait de Joſ. Vernet, gravé par J. L. Cathelin, en 1770, d'après le Tableau peint par L. Mich. Vanloo, en 1768.

747 Recueil de JEAN BALECHOU, graveur au burin, né à Arles en 1715, mort à Avignon en 1765. Cet artiſte reçut les premières leçons de son art de Michel graveur de cachet à Avignon & devint éléve de B. Lépicié : une coupe ferme & des travaux brillans, diſtinguent ſes ouvrages ; dans les morceaux de cette ſuite, on remarque Sainte Genevieve d'après C. Vanloo, (épr, avant les tailles ſur le titre & avec le collier blanc), la Tempête, le Calme & les Baigneuſes, d'après Joſ. Vernet, (la première avant les contre-tailles ſous la porte de l'Arc de triomphe placé à la gauche de la compoſition, & celles ſur le rocher de la droite ; la ſeconde avant les tailles dites *les Barres* ſur la dédicace), les Portraits du prince d'Orange, d'Henri de Bruhl, Grillot, Porée, Rollin, Crébillon, Voltaire, Coypel, Julienne, de la Popeliniere, &c. d'ap. Aved, L. Silveſtre, Autreau, Neilſon Coypel, de la Tour, de Troy & Vigée, cinquante-ſix pièc. dans 1 vol. gr. in-fol. m. r.

748 Œuvre de CHARLES NICOLAS COCHIN FILS, deſſinateur & graveur, né à Paris le 22 Février 1715, mort dans la même

ville le 29 avril 1790 , fils & éléve de
Ch. Nic. Cochin ; compofé de plus de
deux mille morceaux exécutés par cet artifte, fur fes compofitions ou d'après des
tableaux de maîtres d'Italie & de France,
& d'après lui, par différens graveurs ; on
y diftingue David jouant de la harpe , la
Fuite en Egypte, N. S. guériffant les malades , le Couronnement d'Epines , le
Chrift porté au tombeau, Lycurgue bleffé
dans une fédition , l'Enlévement des Sabines, la Mort d'Hippolyte, plufieurs autres
Sujets fabuleux & hiftoriques , Vues de
Lieux célèbres , Monumens, Fêtes publiques, Allégories, Cartouches, Trophées,
Billets de Bals , Adreffes , Principes du
Deffin , grand nombre de Vignettes , Fleurons, Frontifpices , Lettres grifes & Culs
de lampe , pour des éditions d'ouvrages
anciens & modernes, Portraits d'hommes &
femmes de différens états ; les morceaux
d'après ce maître , font gravés par Aliamet, Babel , Baquoy , Bellicard , Boffe,
Cathelin, Chedel , Choffard , Dambrun,
les deux Delaunay , De Longueil , De
Ghendt, De Marteau, Duflos, Dupuis,
Flipart, Fokke, Galimard, Gonord, Hor-
temels, Ingram , Le Mire , Lingée & fon
époufe, Lucien , Marvie , Maffard , Mi-
ger , Moitte, Papillon, Ponce , Prevoft,
Rouffeau , S. Aubin, Simonet, Sornique,
Soubeyran , & autres artiftes modernes.
On trouve dans ce recueil, des morceaux

N 2

rares , d'autres ſont doubles d'épreuves &
indiquent les changemens faits aux Planches ; le ſurplus offre grand nombre de
Pièces avant la lettre , quelques unes accompagnées d'Eaux-fortes ; 3 vol. grand
in-fol. rel. en v. fil. en téte ſont placées
pluſieurs épreuves du portrait de Ch. Nic.
Cochin.

749   Recueil connu ſous le titre d'Œuvre de
Fr. Basan, repréſentant des Sujets ſacrés
& profanes , Scènes familières & champêtres , Payſages , Marines & Portraits ,
d'après Raffaello , Barocci , Maratti , Allegri , Mazzuoli , Carracci , Guido Reni ,
Pannini , Tiziano , Baſſano , Caliari , Giordano , Rubens , Jordaens , Van Dyck ,
Brauwer , Téniers , Poelenburg , Winants ,
Rembrandt , Terburg , Both , Aſſelin ,
Ger. Douw , Metzu , Bréenberg, Wouwermans , Berghem , Mieris , Netſcher , Dietricy , Wagner , Le Pouſſin , Le Sueur , Le
Brun , Loir , les Coypel , Jouvenet , Vanloo , Nattier , Le Moine , Reſtout , Natoire , Boucher , Pierre , J. Vernet & autres , par des artiſtes anciens & modernes ; on diſtingue dans ce nombre , quelques Eſtampes par P. Fr. Baſan , d'autres
gravées ſous ſa direction ; cette ſuite de
ſix cent cinquante Pièces , préſente la
réunion des morceaux les plus intéreſſans
qui formoient ſon fond de Planches ; 6 vol.
in fol. cart. à dos en v.

750   Œuvre d'Ange-Laurent de la Live,

(amateur), né à Paris en 1725, mort
dans la même ville en 1775, compofé de
Sujets divers, Etudes, Caricatures, Payfages, Portraits de perfonnes illuftres de
différens états, (ces derniers de format
in-4.), &c. quatre-vingt-trois pièces à l'eau-
forte, plufieurs d'après H. Rigaud, Ch.
Natoire, Franc. Boucher, Jac. Saly & J.
Bapt. Greuze; 1 vol. pet. in-fol. m. r. tr. d.

751   Recueil de foixante-feize Pièces par JEAN-
JACQUES DE BOISSIEU, deffinateur & graveur, né à Lyon en 1725 : on y diftingue
une Tête d'homme, d'après Ant. Van
Dyck; des Payfages d'après J. Affelin,
Herm. Swanevelt & Jac. Ruyfdal; le Charlatan d'après K. Dujardin : les autres morceaux font des Sujets & Payfages de fa
compofition, tels que le Peintre, l'Ecole,
le Tonnelier, le Marchand d'Orviétan,
le Vielleur, le Mendiant; les Vues de
Ponte Lugano & la tour de *Cecilia Metella*,
autres des environs de Lyon & de Fon-
tainebleau, Suites de Payfages ornés de
figures & animaux, Etudes de Têtes d'homme & de femme; quelques morceaux font
doubles & avec différences, d'autres imprimées fur papier de foie.

752   Œuvre de JEAN-BAPTISTE GREUZE,
peintre, né à Tournus en 1728; compofé de cent-vingt pièces : favoir le Para-
lytique fervi par fes enfans, l'Accordée de
de Village & le Gâteau des rois, gravées
par J. Jac. Flipart; le Silence & la Tri-

coteuſe, par Cl. Don. Jardinier; les Œufs
caſſés, le Geſte napolitain, la Pareſſeuſe &
le Donneur de Sérénade , par P. Eti.
Moitte; la Femme colère, la Malédiction
paternelle & le Fils puni, par Rob. Gaillard; la Veuve & ſon Curé , le Teſtament
& la Belle Mere, par J. Ch. Le Vaſſeur;
l'Enfant gâté, par P. Malœuvre; la Dame
bienfaiſante & la Mere bien aimée, par J.
Maſſard; l'Hermite, par H. Marais; ces
dix-neuf morceaux ſont avant la lettre;
les autres préſentent des ſujets de méme
genre, &c. la plupart avant la lettre ou
avec leurs Eaux-fortes, par les mêmes
graveurs; Aliamet, Cars, Beauvarlet, Ingouf, Lempereur, Porporati, Martenaſie,
Muller, S. Aubin & autres, on trouve
dans ces derniers morceaux le Père de
Famille liſant la Bible, la Petite Fille au
Chien, les Portraits de Diderot, Linguet,
Flipart & Wille; des Vignettes & Etudes
en manière de crayon; 2 vol. gr. in-fol.
mar. r. d.

753 Œuvres de GILLES DE MARTEAU, né à
Liége en 1729, mort à Paris en 1776,
graveur à l'imitation du crayon, genre
porté par cet artiſte à un haut dégré de
perfection ; cet Œuvre eſt compoſé de
plus de ſix cents morceaux; on y trouve
le Chriſt au tombeau, d'après Fr. Stel-
laert; Lycurgue bleſſé dans une ſédition,
d'après Ch. Nic. Cochin fils, (ce ſecond
morceau a ſervi à de Marteau pour ſa

réception à l'académie en 1769), les
autres préfentent des fujets fabuleux &
hiftoriques, Scènes paftorales & champêtres, Payfages, Portraits, grand nombre
d'Etudes, de Figures académiques, Hommes, Femmes & Enfans; Figures drapées,
Têtes, Pieds & Mains, Cahiers d'animaux, Payfages, Fleurs, Trophées, &c.
d'après des maîtres d'Italie & de France;
plufieurs de ces pièces font imprimées à
l'imitation des trois crayons, d'autres en
noir & rehauffées de blanc fur papier bleu;
3 vol. gr. in-fol.

754 Œuvre de Jean-Jacques Le Veau,
graveur au Burin, né à Rouen en 1729,
mort à Paris en 1786, éléve de J. Bapt.
Defcamps peintre; cet artifte entra à fon
arrivée à Paris, dans l'Ecole de Jac. Ph.
Le Bas, où il apprit la gravure; on y
diftingue le Sujet d'Agar renvoyée, les
Adieux de la Nourrice, la Cruche caffée,
les Amans à la Pêche, les Pêcheurs des
Monts Pyrénées, la Pêche en eau douce,
l'Aqueduc italien, la Cuifine des Matelots,
Vue des environs de Bayonne, celle de
Naples, & la Tour du Grec; les trois
premiers morceaux d'après Dietricy, Au-
bry & Debucourt, les autres d'après Jof.
Vernet & G. de la Croix; on remarque
dans le furplus quelques Sujets, Marines
& Payfages, d'après Téniers, Poelenburg,
Wouwermans, Wéeninx, Peters, Ferg,
Verftéegs, Loutherbourg, Baudouin &

Metay ; grand nombre de Vignettes & Culs de lampe pour les Métamorphofes d'Ovide, (édit. de Bafan & Le Mire), l'Hiftoire Romaine, les Œuvres de Moliere, La Fontaine, Voltaire, Rouffeau, Dorat, &c. la plupart d'après Eifen, Cochin, Moreau & Myris ; la prefque totalité des épr. eft avant la lettre & accompagnée d'Eaux-fortes ; en tout trois cent foixante pièces dans un vol. gr. in-fol.

755 Œuvre de Richard de S. Non, (amateur) né à Paris en 1730, mort dans la même ville en 1791. Cent quarante fept Pièces à l'Eau forte ou à l'imitation du lavis, Sujets d'après différens maîtres, Cahiers d'Antique, Payfages, &c. fur les deffins de Fr. Boucher, J. Bapt. Le Prince, J. Hon. Fragonard, & Hub. Robert ; les Pièces au lavis font imprimées en biftre ou en noir, plufieurs de ces dernières rehauffées de blanc fur papier bleu. 1 vol. in-fol.

756 Œuvre de Pierre-Philippe Choffard, deffinateur & graveur, né à Paris en 1730 ; repréfentant des Frontifpices, Vignettes, Culs de lampe & Lettres grifes pour les Métamorphofes d'Ovide, les Contes de La Fontaine, le Voyage d'Italie ; Cartouches & Bordures de Plans & Cartes géographiques, Billets de Bals, de Concert, Cartes de Vifite, Armoiries, Ecrans, Adreffes, Caprices militaires, Salle d'affemblée du Confeil d'Amfterdam, &c. compofés & gravés par cet artifte. Autres d'après différens maîtres, Scènes familières,

Vignettes pour les Œuvres de l'Arioste, J. Jac. Rousseau & S. Lambert, Antiquités, Médailles, Vue du Pont d'Orléans, Portraits d'Hommes célébres, cinq cents pièces; il se trouve dans ce nombre des morceaux seulement à l'eau-forte, d'autres doubles d'ép. & avec différence : on a joint à cet œuvre trente desseins de ce maître; le tout contenu dans 2 v. gr. in-fol. mar. r.

757 Œuvre de JEAN BAPTISTE LE PRINCE, peintre, né à Paris en 1733, mort dans la même ville en 1781 ; composé de deux cents quarante Pièces, Sujets divers, Scènes familières, Suites de Figures & Costumes russes, Vues, Paysages & Etudes; cent quatre-vingt gravés à l'eau-forte ou à l'imitation des dessins lavés au pinceau par Le Prince, (quelques uns de ces morceaux doubles & avec différences); autres d'après lui, tels que le Marchand de Lunettes, le Médecin clairvoyant, le Concert, la Diseuse de Bonne Aventure russe, les Nappes d'Eau & les Délices de l'Été, par Isid. Stan. Helman, Rob. Gaillard, Fr. Godefroy & J. Bapt. Lienard, Figures pour le Voyage de Siberie & les Saisons; la plupart des épr. de ce recueil sont avant la lettre. 1 vol. grand in-fol. cart.

758 Recueil de Sujets, Bas-reliefs, Vases & Etudes de figures à l'eau-forte, par PHI-LIPPE LOUIS PARIZEAU peintre & graveur, né à Paris le 29 mai 1738, mort dans la même ville le 18 novembre 1796, exé-

cutés ſur ſes compoſitions & d'après L.
Fel. de la Rue, cent quatre vingt-un morceaux ſur cent trente-quatre feuilles, formant différentes ſuites. 1 vol. pet in-fol. c.

759 Œuvre de FRANÇOIS-ROBERT INGOUF
graveur, né à Paris en 1747, éléve de J.
Jac. Flipart ; on y diſtingue Gérard Douw
vu à travers une croiſée & jouant du violon, le Soldat en ſemeſtre & le Négociant
ambulant, les Canadiens au tombeau de
leur enfant, le Retour du Laboureur & la
Liberté du Braconnier ; d'après G. Douw,
S. Freudeberg, J. Jac. Fr. Le Barbier &
Ch. Benazech : tous les morceaux ci-
deſſus énoncés ſont avant la lettre, la plupart accompagnés d'épr. avec la lettre &
de leur Eau-forte ; le ſurplus offre des Sujets de la galerie du Palais Royal, du cabinet Choiſeul & des Vignettes pour le
Rouſſeau, l'Empire Ottoman, ouvrage de
Mouradja, &c. les Portraits de Rouſſeau,
Marivaux, Flipart & autres perſonnages
célébres. Cent quatre-vingt Pièces dans
1 vol. in-fol. cart. à dos en mar. r.

RECUEILS D'ESTAMPES

*en taille de bois & clair-obſcur, autres de vieux
maîtres & Pièces à l'eau forte.*

760 Recueil de Sujets ſacrés & profanes, em-
blêmatiques & allégoriques, exécutés en
taille de bois, quelques uns compoſés &

gravés par Mazzuoli, Tiziano, Albert-Durer, Lucas de Cranach, Jac. Binck; la plupart des autres d'après Raffaello Sanctio d'Urbino, Barocci, Raffaellino da Reggio, Maturino, Bal. Perruzi, Salviati, Caliari, Ligozio, Caldara, Guido Reni, Rubens, Bloemaert & P. Morels; par Ugo da Carpi, Andrea Andreani, Bartol. Coriolanus, A. M. Zanetti, Ch. Jegher, Eti. Kirkall & autres; on y remarque Samson livré aux Philistins, David & Goliath, la Purification, le Repas du Pharisien, la Vierge sur les marches du Temple, Ananie frappé de mort, S. Jérôme, S. François recevant les Stygmates, la Chute des Géants, Vénus & l'Amour, Apollon & Marsyas, l'Enlévement d'une Sabine ou les trois Ages de la vie humaine, (d'après le fameux groupe de Jean de Bologne), le Char des Vertus & des Vices, divers Paysages, Portrait d'Ulric Varnbuler, &c. cent quarante Pièces, la plupart imprimées en clair obscur; dans le nombre il se trouve des épr. doubles & avec différences. 1 vol. in-fol. cart.

761 Œuvre de JEAN MICHEL PAPILLON graveur en bois, né à Paris en 1699, mort dans la même ville en 1776; composé de Frontispices, Vignettes, Ecussons, Fleurons, Culs de lampe, &c. contenant plus de six cents morceaux. Paris 1760, in-fol. mar. r.

762 Recueil de Sujets sacrés & profanes, Allé-

gories, Scènes familières, Ornemens, &c.
ſix cents Pièces par Henr. Aldegrever,
Alb. Altdorfer, Seb. Beham, Jac. Binck,
Chriſ. Brechtel, Fred. Brentel, J. Broſa-
mer, Alb. Glockenton, Jac. Grandhomme,
Vinc. Jemiezer, Luc. Kruger, Seb. Lau-
renſack, Melch. Loric, Lucas de Cranach, les Mekeln, Corn. Matſys, Geor.
Penz, P. de Harlingue, Reverdinus, Ro-
betta, Mart. Schoen, Virg. Solis, Staren
(dit le Maitre à l'Etoile), Mart. Treu,
Mich. Wolgemuth, Math. Zagel, les Maîtres au Caducée, à la Souricière, &
autres anciens maîtres d'Allemagne & d'I-
talie, dont les noms cachés ſous l'emblême
d'un monogramme, ſont la plupart reſtés
inconnus. Cette ſuite précieuſe pour l'é-
tude des progrès de l'art de la gravure
depuis ſon origine, offre des épreuves
d'une belle conſervation : le tout eſt contenu dans une boîte in-fol. en forme de vol.

763 Recueil de cent ſoixante-dix morceaux,
Sujets Payſages, Vues d'Italie & Etudes, à
l'eau forte, par Fr. Amato, Pa. Aneſi,
Laz. Baldus, Fr. Grimaldi dit le Bolo-
gnèſe, C. Carlone, Giul. Carpioni, Ben.
Cellini, Fr. Curti, P. Farinati, Fr. Fonte-
baſſo, J. Geminiani, J. Nic. Naſinus, Bart.
Neroni, Ant. Ch. Reatinus, Vent. Salem-
beni, Gio. Bat. del Sole, Veſp. Strada,
Dan. Van-den-Dyck, Valeſio, & autres
maîtres d'Italie ; le tout contenu dans une
boîte gr. in-fol. en forme de vol.

1764 Recueil de plus de trois cents Pièces, fu-
jets facrés & profanes, Allégories, Scènes
familières, Payfages & Vues, fuites de
Figures & Animaux, &c. à l'eau-forte,
par C. Bega, F. Beichs, C. Blecker,
Sam. Botfchildt, P. Bout, Ad. Vander
Cabel, P. de Laer, Ab. Diepenbeck, C.
Dufart, Ehrenreich, J. Hartmann, Abr.
Houbraken, J. Le Duc, P. Maas, J. Miel,
J. Ruyfdal, H. & Corn. Sacht Leuen, P.
Schendel, D. Stoop, Ad. Van Stalbant,
W. V. Valchert, J. Vanden Heck, Adr.
Van den Velde, Luc. Van Uden, & grand
nombre d'autres maîtres des Pays-Bas. Le
tout dans une boîte gr. in-fol. en forme de
vol.

1765 Recueil de plus de trois cents Pièces, Sujets, Payfages & Etudes à l'eau-forte,
par Jac. Fr. Amand, Etien. Aubry, Dom.
Barriere, Bley, les Boullongne, P. Bre-
biette, J. Daffonneville, de la Pegna,
Echard, J. Eftorges, No. Hallé, Laur.
de la Hyre, Nic. Loir, Ch. Monnet, Ch.
Natoire, P. Parrocel, J. Parifet, Gab.
Perelle, P. Subleyras & autres maîtres
français. 1 vol. gr. in-fol.

1766 Recueil de plus de trois cents Pièces, Sujets facrés & profanes, Etudes & Payfages,
à l'eau-forte par différens maîtres français,
tels que Seb. Bourdon, Laur. de la Hyre,
L. Chéron, L. de Boullongne, Ch. Trémol-
liere, No. Hallé, L. Jof. Le Lorrain, Ant.
Rivalz, Ant. Watteau, Ch. Natoire, Fr.

Boucher, L. de la Rue, Ph. L. Parizeau,
J. H. Fragonard, H. Robert, &c. 1 vol.
in-fol. cart.

GALERIES ET CABINETS.

767   Galerie Électorale de Duſſeldorff, ou ſuite
de trente Planches, contenant trois cents
ſoixante-cinq Sujets gravés d'après les tableaux qui la compoſent, Baſle 1778 ; les
figures & le texte réunis en 1 vol. in-fol.
obl. v. éc. tr. & fil. d.

768   Galerie du Palais Royal, gravée d'après
les tableaux des différentes Ecoles qui la
compoſent, avec deſcription hiſtorique,
par Fontenay, Pâris, Couché 1786 & années ſuivantes, trente-deux premières li-
vraiſons in-fol.

769   *Variarum imaginum*, Suite dite le Cabinet du Bourgmeſtre Reynſt, repréſentant
des Sujets de l'ancien & du nouveau Teſtament, Allégories, Scènes familières, Payſages & Portraits, d'après Raffaello Sanctio d'Urbino, Mazzuoli, Guido Reni,
Barbieri, da Ponte, Robuſti, Giorgione,
Schiavone, Caliari, Palma Vieux, Rubens
& P. de Laer, gravés par J. Lutma, Jac.
Matham, Corn. Van Dalen, Corn. Viſ-
cher & Corn. Vermeulen ; ce Recueil ordinairement en trente-quatre Pièces, eſt ici
de trente-ſix morceaux, la Sainte Famille
d'après Raffaello, par J. Lutma, forme le

trente-cinquiéme Sujet ; la Prédication de S. Jean, morceau beaucoup plus grand que ceux de cette suite, & exécuté par Jérém. Falck, d'ap. Ab. Bloemaert fait le trente-sixième. P. Fr. Basan, s'est déterminé à l'ajouter ici, feu M. Mariette l'ayant assuré qu'il avoit été gravé pour cet ouvrage ; plus, cinq épr. doubles avec des différences, les trente-six autres avant les noms des auteurs, en tout quarante-une Estampes. Amster. in-fol. mar. r. dent. dor.

770 Le Cabinet Derby, ou Recueil de vingt Pièces, d'après des tableaux célébres d'Italie, de Flandre & de Hollande, gravés par Henr. Winstanley ; on trouve en tête de l'Ouvrage une Dédicace en latin. In-fol. c.

771 Recueil d'Estampes connu sous le titre de Cabinet Crozat, d'après les plus beaux tableaux & dessins qui sont en France, gravés par les meilleurs artistes du temps, précédés d'un abrégé de la Vie des Peintres & d'une description de chaque sujet ; cette suite est composée de 182 morceaux, 140 sous 137 numéros, dont trois doubles & marqués d'étoiles, forment le corps de l'ouvrage, & 42 sans numéros le suplément ; on a ajouté à cet exemplaire 34 pièces doubles, la plupart avant la lettre ; il y a dans ce nombre, des épr. de Planches destinées à cette suite, mais qui n'ont pas été publiées. Paris de l'Imprimerie royale, 1729, 2 vol. gr. in-fol. en v. (gr. Pap.)

772 Le Cabinet d'Aguilles, ou Recueil de cent

dix-huit Pièces , d'après les tableaux de cette collection, gravées par Seb. Barras & J. Coelmans, précédées d'une description hiftorique. Paris, Mariette, 1744, deux parties en 1 vol. in-fol. rel. en v. (gr. pap. épr. avant les n.os. au bas des planches).

773 Recueil d'Eftampes d'après les tableaux du Cabinet de Choifeul , gravé par les foins & fous la direction de P. Fr. Bafan, cent trente Pièces, compris cinq numérotées doubles , le titre & le portrait; cet exemplaire eft augmenté de cent douze morceaux , on y diftingue une double épr. d'un Payfage gravé au lavis d'après P. Potter, (Pl. non publiée) & la Cuifinière d'après G. Douw , morceau de format in-8. des deux cent quarante-deux Eftampes que forme cette réunion, cent vingt-trois font avant la lettre , douze de ces mêmes fujets doubles avec la lettre, dix avec la lettre feulement , & quatre-vingt-dix-fept à l'eau-forte ; le tout eft placé fur des feuilles de papier bleu, dans 1 vol. in-fol. en tête duquel eft la defcription qu'on trouve aux exemplaires ordinaires de cet ouvrage. Paris, Bafan 1771.

774 Le Cabinet Poullain , ou Suite de cent dix-huit morceaux choifis de cette précieufe collection , foixante font deffinés à la mine de plomb par Moitte peintre, fur les originaux , les cinquante huit autres ayant été gravés d'après les tableaux, on a completté cette fuite avec des épreuves des
Planches

planches, (elles font la plupart avant la lettre); plus, le Titre & le Frontifpice, en tout cent vingt pièces, précédées d'un Abrégé hiftorique de la vie des auteurs, ouvrage exécuté fous la direction de P. Fr. Bafan, publié en 1781 ; 1 vol. in-4. v. éc. fil. & tr. d. On a placé à la fin du vol. fix deffins d'après les tableaux du même cabinet & dont les planches n'ont pas été exécutées.

775 Tableaux du Cabinet Poullain, ou Suite de cent vingt Eftampes compris le Titre & le Frontifpice, gravées fous la direction de feu P. Fr. Bafan, (cent quinze épr. font avant la lettre); Paris 1781, exemplaire augmenté de cent trois Eftampes, épr. doubles des précédentes à l'eau-forte ou avec des différences ; en tout deux cent vingt-trois pièces dans 1 vol. petit in fol. mar. r.

776 Un Porte-feuille de Pièces détachées des Galeries de Drefde, de Florence, du Palais Royal, des Cabinets de Reynts, Choi-feul, Poullain & Le Brun ; la plupart des épr. font avant la lettre.

RECUEILS D'ESTAMPES

d'après des Collections de Deffins.

777 *Difegni originali d'excellenti pittori....* ou Recueil de deffins originaux d'excel-lens peintres, confervés dans la Galerie de

Florence ; cent Pièces à l'eau-forte, par Andrea Scacciati Florentin, Suite dédié à Pierre Léopold grand duc de Toscane ; 1 vol. gr. in-fol. cart. Le Titre d'après L. Cigoli, porte la date de 1766.

778 *Disegni originali d'excellenti pittori....* ou Recueil de deffins originaux d'excellens peintres, confervés dans la Galerie de Florence, gravés par Stef. Mullinari Florentin, exécutés à l'eau-forte & au lavis fur cinquante feuilles, contenant cent foixante-onze Sujets & Etudes, dédié à P. Leop. grand duc de Toscane ; 1 vol. in fol. cart. : le Titre d'après G. Macchietti eft daté de 1774.

779 Recueil de Sujets facrés & profanes, Payfages, Caricatures & Etudes d'après And. Mantegna, Raffaello, Caldara, Mazzuoli, Carracci, Barbieri, Ghezzi, Rembrandt, Claude Gelée & autres ; quatre-vingt-douze pièces à l'eau-forte ou à l'imitation du lavis & du crayon ; par Ch. Knapton & Arth. Pond ; in-fol. cart.

780 *Paradigmata graphices variorum,* ou Suite de Compofitions & Etudes, d'après Giul. Pippi, Zuccheri, Mich. Agn. Buonaroti, Bart. Baccio Bandinelli, Allegri, Carracci & autres maîtres d'Italie ; Buftes & Fragments de Figures, cinquante-fept Pièces ; plus, cent Eftampes, Statues antiques, fous le titre *Signorum veterum Iconnes,* le tout à l'eau-forte par Jean de Bifchop ; les deux Parties en un vol.

781 *One Hundred And. Nineteen Etchings* , ou Choix de cent quatre-vingt-dix Pièces, d'après les deſſins de Raffaello, Mazzuoli, Guido & autres, gravées à l'eau-forte par Giuſſeppe Canale; Londres 1775, petit in-fol. cart.

782 Recueil de cent quatorze Pièces à l'eau-forte ou à l'imitation du lavis & du crayon, par Benigno Boſſi, de Parme, ſur ſes compoſitions & d'après les deſſins de Fr. Mazzuoli, E. A. Petitot & L. Fel. de Larue; Sujets, Jeux d'Enfans, Etudes de Figures & Suites de Vaſes; plus, un Bacchanale, d'après Guil. Carpioni, par Jac. Mechau; vol. petit in-fol. cart.

783 Recueil de quatre-vingt-deux Pièces, d'après les deſſins de Barbieri da Cento dit Le Guerchin; Sujets, Payſages & Etudes de Figures, la plupart par Fr. Bartolozzi, autres par Jon. Baſire, G. Vitalba, &c. Le premier morceau préſente le Portrait du Guerchin; ce peintre eſt vu à mi-corps près de ſon chevalet; 1 vol. in-fol. cart. à dos en mar. r.

784 Collection de cent Eſtampes à l'eau-forte ou à l'imitation du lavis & du crayon, d'après Antonio Domenico Gabbiani; par Fr. Bartolozzi, Ant. Cioci, Gio. Bat. Cipriani, Car. Faucci, G. B. Galli, Car. Gregory, J. Hugford, G. Lindemain, S. Pacini, And. Scacciati, J. A. Schweikart ou Sveicart, Vinc. Vangeliſti & Joſ. Wagner; Rome Monaldini 1786, in-fol. car.

785 Recueil de trente-neuf Eſtampes , d'après les deſſins de différens maîtres des trois Ecoles, qui ſe voyent à la Bibliotheque impériale & royale de Vienne ; gravées à l'eau forte & à l'imitation du lavis & du crayon, par Adam Bartsch, en 1782 & 1783, publiés à Vienne par Artaria. pet. in fol. cart.

786 Recueil d'après les deſſins tirés de la collection de l'Académie électorale palatine des Beaux Arts de Duſſeldorff; deux ſuites chacune de cinquante pièces à l'eau forte, publiées en 1780 & 1781. Pet. in fol. car.

787 Deſſins d'Italie, d'Allemagne & des Pays-Bas, du Cabinet de Praun , à Nuremberg, quarante - huit pièces à l'eau - forte & au lavis, par J. Théop. Preſtel. Nuremberg 1776 , gr. in-fol. cart.

788 Le même ouvrage avec titre plus grand; daté de 1780, gr. in fol. cart. (manque la ſixiéme Planche); plus, Deſſins des meilleurs peintres des Pays-Bas , d'Allemagne & d'Italie , gravés par J. Théop. & Mar. Cath. Preſtel, les autres par R. C. Schoneckern; douze Pièces d'après les deſſins de J. G. Schmidt, & ſeize de différens cabinets : ces dernieres ſans ordre de n°. en tout 75 pièces.

789 Recueil d'Eaux-fortes , d'après les deſſins des plus célèbres peintres d'Italie & de France , qui ſe voyent dans différens cabinets d'Amſterdam. Paris 1788 , in fol. br.

790 *Liber Veritatis* , ou collection de deux

cents Eſtampes à l'eau-forte & au lavis, par Rob. Earlom, d'après les deſſins de Claude Gelée dit Le Lorrain, du cabinet du duc de Devonshire; en tête eſt placé le Portrait de Claude Le Lorrain & un abrégé de la Vie de ce peintre célèbre. Londres, John Boydell 1777, 2 vol. pet. in-fol. v. ec. tr. & fil. d. épr. avant la lettre.

791 Impoſtures innocentes, ou Recueil d'Eſ-tampes gravées par Bern. Picart, dans le goût de différens maîtres célèbres des trois Écoles ; avec l'Eloge hiſtorique de B. Picart, & le catalogue de ſes ouvrages. Amſ-terdam, 1734, pet. in-fol. v.

792 Recueil de cent vingt-trois Pièces, d'après des deſſins de Raym. de la Fage, Sujets de l'Hiſtoire ſacrée & profane, par Car. & Ger. Audran, Ch. Simoneau, Fr. Er-tinger, Ch. de la Haye, &c. Paris, Van-der Bruggen, 1689, in-fol. v. br.

793 Recueil de Sujets & Payſages, gravés à l'eau-forte, d'après des deſſins de maîtres italiens, flamands & français, faiſant par-tie de la collection de deſſins de feu P. Fr. Baſan. Cent-vingt morceaux dans un vol. in fol. cart. épr. ſur pap. de ſoie.

RECUEILS D'ESTAMPES, VIGNETTES.

794 Figures des Métamorphoſes d'Ovide, d'a-près les deſſins d'Hub. Gravelot, Ch. Ei-ſen, Fr. Boucher, J. Bapt. Le Prince, Ph. Lou. Parizeau, Eti. P. Adr. Gois, J. Mar.

Moreau & Ch. Monnet; par S. Aubin, Baquoy, Baſan, Binet, de Ghendt, Nic. Delaunay, de Longueil, Duclos, Helman, Le Grand, Le Mire, Le Roy, Le Veau, Maſquelier, Maſſard, Née, Ponce, Rouſſeau & Simonet. Cent quarante-une Pièces avant la lettre, compris le titre & le cul-de-lampe compoſés & gravés par P. Ph. Choffard, 1 vol. in-4. v. ec. fil. & tr. d. épr. avant la lettre. Suite exécutée ſous la direction de feu P. Fr. Baſan, de ſociété avec le Cit. Le Mire, publiée en 1770.

795 Vignettes, Fleurons & Culs-de-lampe des Métamorphoſes d'Ovide, (édit. de Baſan & Le Mire), compoſés & gravés par P. Ph. Choffard, 35 Pièces dans un vol. in-8. cart. fig. colorées.

796 Figures de la Jéruſalem Délivrée, Poëme du Taſſe, d'après les deſſins de Ch. Nic. Cochin fils, par Duclos, Lingée, S. Aubin, Simonet, Tilliard & autres; quarante-une pièces, in-4. épr. avant la bordure; On a placé un extrait du chant en italien près de chaque Eſtampe; 1 vol. cart.

797 Figures du Roland Furieux, Poëme de l'Arioſte, d'après les deſſins de Gio. Bat. Cipriani, Ch. Eiſen, Ch. Nic. Cochin fils, J. Bapt. Greuze, J. Mar. Moreau & Ch. Monnet; par Fr. Bartolozzi, De Ghendt, Nic. Delaunay, Martini, Ponce, Prevoſt & autres; quarante-ſix pièces, en tête eſt placé le Portrait de l'Arioſte gravé par Ficquet d'après Tiziano; plus, trente une

Figures doubles, des Sujets des quarante-
six chants ; en tout soixante-dix-huit pièces ; un vol. obl. plusieurs épr. sont avant la lettre.

798 Figures des Œuvres de Le Sage, de l'Abbé Prevost, & du Cabinet des Fées, d'après Clem. P. Marillier, par Nic. Delaunay & sous sa direction ; deux cent vingt-deux Pièces compris les Portraits de Le Sage & Prevost, & trois numéros doubles ; 2 vol. in-8. cart.

799 Figures des Contes de la reine de Navarre, d'après S. Freudeberg ; par de Longueil, Halbou, Henriquez, Le Roy & Thiebault, soixante-treize Pièces ; 1 vol in-4. mar. r. fil.

800 Figures des Essais sur la musique, par de la Borde ; les Sujets d'après Myris, par Chenu, les Détails d'Instrumens dessinés & gravés par Bouland ; soixante feuilles dans 1 vol. in 4. cart.

801 Figures des Chansons de la Borde, celles du premier vol. par J. Mar. Moreau, le deuxième vol. d'après Le Bouteux, les deux derniers vol. d'après Le Barbier, en tout cent cinq Pièces compris les Titres à l'un desquels se trouve le Portrait de La Borde, d'après Dom. Viv. Denon ; 1 vol in-8. v. éc. fil. & tr. d.

802 Neuf cents Pièces, Frontispices, Figures, Vignettes, Fleurons & Culs-de-lampe, d'après Hub. Gravelot, pour les Œuvres du Tasse, de l'Ariofte, P. Corneille,

Racine, Voltaire & autres ouvrages, par des graveurs modernes; partie des épr. font avant la lettre, d'autres doubles & accompagnées de leurs eaux-fortes : plus, cent vingt-fix Vignettes, d'après Ch. Nic. Cochin fils & Ch. Monnet; petits Sujets & Payfages, &c. Un Porte-feuille & cinq Volumes de différens formats.

Nota. Cet article & les fuivans ne font la plupart que des Pièces détachées des Suites dont il eft parlé; très-peu fe trouvent complettes.

803 Huit cents Pièces, d'après Ch. Eifen; on diftingue dans ce nombre, des Figures, Vignettes & Culs-de-lampe pour les Métamorphofes d'Ovide, les Contes de La Fontaine, ceux de Marmontel, les Fables & les Baifers de Dorat, &c. plufieurs épr. font avant la lettre, d'autres doubles avec des différences, le furplus préfente des Pieces d'après Hub. Gravelot, J. Mar. Moreau & Charles Monnet; 6 vol. de différens formats.

804 Frontifpices, Figures, Cul-de-lampe & Fleurons pour des ouvrages de Littérature, d'après J. Jac. Fr. Le Barbier, Clem. P. Marillier , Fr. Mar. If. Queverdo & autres; divers Sujets & Payfages, &c. 9 vol. de différens formats.

RECUEILS DE PORTRAITS.

805 Recueil de Portraits de peintres, fculp-

teurs & architectes , pour la Vie des peintres, par Geor. Vasari , cent cinquante-six Pièces, par Fr. Bartolozzi & Ant. Capellan; 1 vol. in-4. en parch.

806 Recueil de deux cent vingt-neuf Portraits de personnes illustres, hommes & femmes de différens états, quelques uns gravés à l'eau-forte , par Antoine Van Dyck, les autres d'après lui, par Bailliu, Bloteling, les Bolswert, Cooper , Clouwet, Galle, Hollar, Hondius, de Jode, Lasne, Lauwers, Lommelin, Louys, Meyssens, Morin , Neefs , Pesne , Pontius, Snyers , Sompel , Suyderhoef , Voet, Vorsterman, Waumans & autres ; plusieurs font avant la lettre, d'autres doubles avec des différences, quelques uns en manière noire ; on trouve à la suite quatorze Morceaux par Caukerken, Jésus & les Apôtres; en tout 243 Pièces, dans un vol. petit in-fol. v. éc. tr. & fil. d.

807 *Illustriss. ac Potentiss. Hollandiæ....* ou Recueil de Portraits des comtes de Flandres, gravés par Corn. Visscher, d'après Tiziano, Van Eyck, Rubens, Lucas de Leyde & autres , avec texte latin. Amsterdam, P. Soutman 1650, in-fol. cart. quarante figures , comp. le titre & une devise.

808 Recueil de Portraits Hommes & Femmes, par Rob. Nanteuil, soixante Pièces dans 1 vol. gr. in-fol.

809 Recueil de Portraits , par Etienne Ficquet graveur , né à Paris en 1731, mort dans

la même ville en 1794, éléve de Geor.
Fred. Schmidt de Berlin. Cet artiste peut
être regardé comme le Gérard Douw de la
gravure par l'exécution précieuse & le fini
de ses planches ; dans les morceaux de cette
suite , on remarque les Portraits de Des-
cartes, La Motte Le Vayer , P. Corneille,
La Fontaine (avec la Fable), Fénelon,
Crébillon, J. Bapt. & J. Jac. Rousseau, &
Voltaire, épr. avant la lettre ; l'Ariofte,
Montaigne , Puffendorff , Moliere , La
Fontaine, Mad. de Maintenon, (épr. sur
papier double) Vadé, Eisen & Saugrain ;
Rubens, Van Dyck, Wildens, Crayer,
Rombouts, Vander Meulen & Wouwermans ; ces sept derniers, pour la vie des
peintres, par Descamps : treize autres , la
plupart de la suite d'Odieuvre, en tout
trente neuf Portraits dans un vol. in-8.
rel. en v.

810   Soixante-trois Portraits pour la Vie des
Peintres , par Descamps ; dix-huit sont gravés par Eti. Ficquet, plusieurs des autres
par Dom. Sornique & Rob. Gaillard ; in-8.
mar. r.

811   Les Illustres Français, ou Tableaux historiques de grands Hommes de la France,
dans tous les genres de célébrité, par Nic.
Ponce, d'après les dessins de Cl. P. Marillier ; trente-sept pièces pet. in-fol.

LIVRES A FIGURES,

MÉTAMORPHOSES, FABLES, ROMANS, &c.

812 Métamorphoses d'Ovide, traduction de Fontanelle, Paris 1767, 2 vol. in-8. v. éc. fil. & tr. d. on a ajouté à cet exemplaire, les fig. gravées sous la direction de Basan & Le Mire.

813 Tableaux du Temple des Muses, par Marolles, soixante Pièces compris les portraits & le titre; pet. in-fol. mar. r. d. fig. avant les numéros.

814 Fables choisies & mises en vers par J. de La Fontaine, Paris 1783, 2 vol. per. in-fol. cart. édit. de Montenault, fig. d'après J. Bapt. Oudry, au nombre de 152 seulement, plusieurs sont doubles; la plupart épr. avant la lettre ou à l'eau-forte.

815 Amours Pastorales de Daphnis & Chloé, traduit du grec de Longus, par Amyot, Paris 1745, in-8. mar. r. fil. & tr. d. fig. d'après Coypel, sous le nom du régent, par B. Audran; le titre gravé porte la date de 1718.

816 Le Temple de Gnide, par Montesquieu, Paris 1772, in-8. v. éc. fil. & tr. d. fig. d'après Eisen, par Le Mire; épr. avant la lettre & les numéros.

817 Les Aventures de Télémaque, par Fénélon, Paris Didot jeune 1785, 2 vol. gr. in-4. mar. bl. tr. & dent. d. fig. d'après Ch. Monnet, par J. Bapt. Tilliard.

818 Les Saisons; Poëme, Amsterdam , 1775,
in-8. v. éc. fil. & tr. d. fig. d'après J.
Mar. Moreau , épr. avant la lettre.

819 Les Mois, Poëme par Roucher, Paris
1779, 2 vol. in 4.

820 Collection de Fleurs qui se cultivent à la
Chine & en Europe; Dons merveilleux de
la Nature dans le régne végétal , par Bu-
ch'oz, 4 vol. in-fol. les trois premiers en
feuilles , le dernier rel. en v. éc. tr. d. fig.
colorées au nombre de quatre cents ; plus,
les Plantes nouvellement découvertes &
classées , ouvrage du même, Paris 1779 ,
in-fol. cart.

ARCHITECTURE, PEINTURE

GRAVURE, &c.

821 *Dilucida Repreasentatio Magnificæ & Sump-
tuofæ....* ou Représentation de la Bibliotheque de l'empereur Charles VI , l'architecture dessinée & gravée par Salomon
Kleiner ; les peintures & décorations intérieures , par Jéremie Jacob Sadelmayr ;
Vienne 1727, pet. in fol. cart. texte lat.

822 Recueil d'Ornemens, Arabesques, Vases
& détails d'Architecture, par G. P. Cauvet
sculpteur, mort à Paris en 1788, Paris
1777, in-fol. v. fil. quatre vingt dix-sept
Planches à l'eau forte ou à l'imitation du
crayon, par Martini. Petit. Le Roy, Eliz.
Ch. Liottier, &c. sur soixante-deux feuil.

non compris les trois titres & la dédicace;
plusieurs morceaux sont colorés.

823 Les quatre Livres des Proportions du corps
humain, par Albert-Durer, Paris 1557.
Les Proportions de diverses figures antiques & autres Principes du dessin, sous
l'adresse d'Audran, & les Elémens d'ana-
tomie à l'usage des peintres & sculpteurs,
par Sué, Paris 1788, prem. partie.

824 Recueil de Têtes, Caractères & Charges, d'après les dessins de Leonardo da
Vinci, par An. Cl. Ph. Caylus, Paris 1730,
in-4. cart. & Etudes de peinture, d'après
Gio. Bat. Piazetta, par Marco Pitteri,
Venise 1760, pet. in fol. obl. 48 figures
formant deux suites.

825 L'Art de peindre, Poëme de Watelet,
Paris 1760, in 4. v. éc. fil. & tr. d. dans le
même vol. se trouve le Discours prononcé
à l'académie en 1761, & son voyage à
Rome, accompagné de Mad. Le Comte &
de l'abbé Copette.

826 Dissertation sur les attraits de Vénus, par
de la Chau, Paris 1776, fig. par S. Aubin,
plus, le Poëme de la Peinture par Le
Mierre, fig. d'après Ch. Nic. Cochin fils,
Paris 1769, in-4. cart.

827 Traité des manières de graver, par Ab.
Bosse, Paris 1701, in-8. rel. fig.

828 Description des travaux pour la fonte de la
Statue de Louis XV, sur les mémoires de
Lempereur & Mariette, Paris 1768, in-fol.
v. fig.

VUES ET VOYAGES.

829 *Vedute altre Prése da i Luoghi altre ideate
da Ant. Canal* ... ou Vues & compositions à l'eau forte, par Ant. Canal, trente-
un morceaux de différens formats ; *Mag-
nificentiores Selectioresque urbis venitiarum
Prospectus* ou suites des plus belles Vues
de Venise, par Mich. Mariefchi, Venise
1741, vingt-trois pièces, compris le titre,
un des morceaux est double & avant la
lettre; *Varia Marci Ricci*, vingt-une pièc.
compris le titre & le portrait de l'auteur,
Venise 1730; & quatre pièces, Vestiges
antiques d'après le même par F. Vivarès ;
en tout 79 morceaux dans un gr. in-fol. c.

830 Vues de la ville de Vienne & de ses fau-
bourgs, par L. Janfcha, C. Schulz & J.
Ziegler, quarante-fix Pièces colorées,
dans un porte-feuille in-fol.

831 Recueil de Vues les plus intéreffantes de la
ville d'Amfterdam, cent Pièces deffinées
d'après nature, in-fol oblong, pap. d'Hollande, exempl. en feuille.

832 Le même ouvrage, papier ordinaire, 1 vol.
oblong, cart.

833 *Kernnemer Landfche Gezichten*, ou fuite
de Vues de châteaux & maifons de plai-
fance des environs d'Amfterdam, cent
trente-deux Pièces, Amfterdam 1739,
in-4. oblong.

834 Nouvelles Vues Perspectives des Ports de
France, d'après les deffins de Nic. Ozanne,
par Yves Le Gouaz, plus, dix Piéces des
Ports & Rades d'Amérique, en tout foixante
dix Eftampes, épr. avant la lettre, pet.
in-fol. obl. cart.

835 Tableau de la Suiffe „ ou Voyage pittorefque fait dans les treize Cantons du
Corps Helvétique, Paris 1784, 12 vol.
in 4. fig. au nombre de 428.

836 Un double exemplaire du même Ouvrage,
en feuille.

837 Defcription généra'e & particulière de la
France, Paris 1701 & années fuivantes,
10 vol. in-fol. brochés & en feuilles, fig,
d'après les plus célebres artiftes.

ANTIQUITÉS.

838 Peintures antiques du Sépulchre des Nafoni fur la Voie Flaminia ; décrites par J.
P. Bellori, Rome 1702, in-4. v. fig. deffinées & gravées par **P. S. Bartoli**.

839 *Icones & Segmenta illuftrium E. Marmore.*
ou Recueil de Bas-reliefs antiques, qui
exiftent à Rome ; deffinés & gravés par
Fr. Perrier, Rome 1745, in-fol. cart.

840 *Differtazione Sulle Statue...* ou Differta-
tion fur les Statues de la famille de Niobé,
Florence 1779, in-fol. cart. fig. en 19
Planches.

841 *Raccolta di Statue antiche e moderne...*

ou Recueil de Statues antiques & modernes, cent foixante-trois Eſtampes, par Fr.
Aquila, Nic. Dorigny, Rob. Van auden
Aerd, Cl. Randon, J. Jer. Frezza & autres;
précédées d'une Deſcription par Paolo
Alex. Maffei, publié fous les auſpices du
pape Clément XI, par D. de Roſſi, Rome
1742, 2 vol. in-fol. cart. plus, le Diſcours
du même ouvrage, édit. de 1704, in-fol.

CÉRÉMONIES, FÊTES ET COSTUMES.

842　Cavalcades & Tournois donnés à Florence
　　& à Hambourg, publ. par Balt. Moncornet
　　& Jerm. Falck, cinquante-fix Pièces; plus,
　　douze Eſudes d'après la Statue de Marc
　　Aurele, dans un vol. in-4. mar. r.

843　Caravane du Sultan à la Mecque, ou Maſ-
　　carade donnée à Rome par les éléves de
　　l'Académie de France, en 1748, trente-
　　huit Pièces à l'eau-forte, par Mar. Joſ.
　　Vien; in-4. cart. fig. colcrées.

844　Recueil de vingt-quatre Carricatures, à
　　l'eau forte par Math. Œſterreich, d'après
　　les deſſins de P. L. Ghezzi; Dreſde 1750,
　　in-fol. cart.

845　Les Nations du Levant, gravées fur les
　　tableaux peints d'après nature en 1707 &
　　1708, par ordre de M. de Ferriol, Paris
　　1714, in-fol. fig. au nombre de cent-deux.

846　Suite d'Eſtampes pour fervir à l'hiſtoire
　　des Mœurs & du Coſtume français, dans
　　　　　　　　　　　　　　　　　　　　　le

le dix-huitiéme fiécle, trente-fix pièces
d'après S. Freudenberg & J. Mar. Moreau;
précédées d'un texte explicatif, in-fol. car.

HISTOIRES.

847 Recueil de deux cent quarante Pièces, on
y diftingue la repréfentation d'un Prêche
des Réformés près d'Anvers, en 1566,
le Pillage des Images en Flandre & en
Brabant, 1568, Prife de Maftricht par les
Efpagnols, 1579, Flotte dite l'Invincible,
1588, Prife de Cadix, 1596, Maffacre de
Jean & d'Alexandre Gaurice, 1600, Rupture de la digue S. Antoine près d'Amfterdam, 1651 ; (ce dernier morceau en petit
par B. Picart,) Cruauté du duc d'Albe,
Maffacre des frères de Wit, 1672, Bataille
de Chiari & celle de Malplaquet, 1705 &
1709, Syftème de Law, Portrait de Quincampoix, autres Pièces hiftoriques, cri-
tiques & allégoriques, Fêtes, Cérémonies
publiques, &c. gravées par P. Vennius, P.
Firens, Rom. de Hooge, J. Luyken, J.
Mulder & autres anciens maîtres, la plupart
anonymes ; 2 vol. gr. in-fol. rel. & cart.

848 Hiftoire des Guerres de Trajan contre les
Daces, Rome 1616, in-4. cart.

849 Batailles & autres événemens remarquables
de l'Empire Chinois, d'après les deffins
faits fur les lieux par Jean Dionys Attiret,
F. Joannes Damafcenus, Jofeph Caftil-

honi , P. Ignatius Sichelbarth , Mission-
naires jéfuites , gravés par J. Ph. Le Bas,
Nic. Delaunay , Prevoſt , S. Aubin &
autres ; fous la direction de Ch. Nic.
Cochin fils ; feize Pièces, dans un vol. gr.
in-fol. cart.

850   La même Suite de petit format , par Helman, feize Pièces avant la lettre.

851   Recueil d'Eſtampes des différens Événemens qui ont procuré l'indépendance aux
Etats Unis d'Amérique , feize Pièces , plus
douze Sujets de l'Hiſtoire de France, d'Angleterre & d'Eſpagne , par Nic. Ponce ,
Fr. Godefroy , &c. in-4. cart.

RECUEILS. DIVERS

ET LIVRES A FIGURES.

852   Recueils de Payfages , à l'eau-forte , par
Lucas Van Uden , d'Anvers, Roland Rog-
man , d'Amſterdam , &c. autres d'après P.
Pozzo , J. Bol , J. Breughel , P. & Math.
Bril , Rol. Savery , &c. par les Sadeler ,
Math. Merian & If. Major , 124 Pièces ,
2 vol. pet. in fol. mar r. & cart.

853   Recueil de cent treize Pièces , Sujets de
la Fable & Payfages , par Ald Van Everdingen & J. C. Klingel , plufieurs de celles
du dernier d'après Dietricy maître de cet
artiſte , in-4. cart.

854   Recueil de Pièces par Vencef. H l'ar,
Suite de la Mort, trente Pièces , d'après J.

Holbéen, Costumes, Paysages & Etudes,
cent cinquante-trois Morceaux, plus vingt
trois Sujets au lavis , imprimés en couleur,
exécutés par des amateurs hollandois , d'a-
près les Eaux-fortes d'Adr. Van Ostade, on
y distingue le Portrait de ce maître. 2 vol.
in-4. l'un est oblong.

855 Recueil de Sujets de l'Histoire sacrée &
profane , d'après Mart. de Vos, Jod. de
Winghe & Karle Mander , par Jac. De
Gheyn & Crispin de Pas ; plusieurs de celles
de ce dernier sur ses compositions , vingt-
six Pièces de l'Histoire de Jason , par René
Boivin , en tout cent-deux Piéces , dans
un pet. in fol.

856 Recueil de quatre-vingt-quatre Eaux-
fortes , par Jonas Umbach d'Ausbourg ;
Sujets sacrés & profanes , cinquante six
Paysages par J. Vanden Velde ; pet. in-fol.
cart.

857 Suite de deux cents Pièces , connue sous
le titre de Recueil d'amateur & d'artiste ;
cinquante-deux font à l'eau-forte , par
Adr. Van Ostade , la plupart des autres
offrent des Sujets & Paysages , par des
maîtres hollandois , français , &c. petit
in-fol. cart.

858 Recueil de Pièces tels que le Massacre des
Innocéns , la Vie de l'Enfant Prodigue ,
les Misères de la guerre , les Bohëmiens ,
des Suites de Caprices. Paysages, Animaux, &c. par Jac. Callot & Stef. della
Bella, au nombre de plus de cent-vingt

morceaux , dans 1 petit. in - fol. cart.

859   La Paſſion de N. S. 1604 , fig. d'Albert-Durer ; la Solitude & la Vie des Pères & des Femmes Hermites & Anachoretes , d'après Mart. de Vos , par J. & Raph. Sadeler & Ad. Collaert ; les Martyrs de Baviere , par Raph. Sadeler , &c. deux cent ſoixante-douze morceaux pour différentes Suites , dans 2 vol in-12. & in-fol. rel.

860   Iconologie , par J. B. Boudard , Paris 1759, 2 vol. in fol. parch. v. fig ; les Cent Nouvelles compoſées & gravées par Romyn de Hooge , 1 vol. in-8. les numéros 26 & 99 du ſecond ouvrage manquent.

861   Les Fables d'Eſope, Amſterdam 1714, in-4. cart. fig. deſſinées & gravées par Fr. Barlouw , les figures des fables , à l'eau-forte , par Gillot , in 8. cart ; cent douze Pièces , le n. 4 manque ; plus trois exemplaires des Fables de La Fontaine , édit. de Montenault , in-fol. br.

862   Quadrupedes , Oiſeaux , Inſectes & autres animaux ; la plupart épr. avant la letire , pour les édit. in-4. & in-12. des Œuvres de Buffon , &c. huit cents figures contenues dans cinq vol. de différens formats.

863   Figures pour la Lithologie & la Conchyliologie , ſoixante-dix feuilles , quarante-une ſont colorées ; 1 vol, in-4.

864   Les cinq Ordres d'Architecture expliqués par Fremin de Cotte, Paris 1644, pet. in-fol. Armorial avec figures attribuées à

Jac. Kobel, texte incomplet , 1540, pet.
in-fol ; & Difcours du Voyage d'outre-
mer au S. Sépulchre, Lyon 1573 in-8.
fig. en bois.

865 Cofmographie de Philippe , cinquante
Cartes colorées, Angers 1768 , in-4. cart.
Vues de Rome & autres lieux, par Willem
S'widden, G. Perelle & autres ; plufieurs
morceaux d'après J. Affelin ; in-4. obl.

866 Nella Venuta in Roma , di Mad. Le Comte
E. dei Signori Watelet , E. Copette , Rome
1764 , in-4. gr. pap. cart. fig. d'après L.
Subleyras & La Vallée Pouffin , par Weirotter.

867 Morceaux choifis des figures des Voyages
d'Italie de S. Non & de Houel , autres des
Voyages de la Grece , de la Suiffe & de la
France , cent quatre-vingt-dix Pièces ; la
plupart avant la lettre & accompagnées
d'Eau-forte , 2. vol. in-fol.

868 Recueil d'Antiquités Egyptiennes , Etruf-
ques, Grecques & Romaines; 1756, 2 vol.
in-4. cart. Fragmens de Peintures antiques,
gravés par P. S. Bartoli , Ph. Morghen, &c.
quarante-fept Pièces, dans 1 in-4. rel. en v.

869 Recueil d'Antiquités romaines, ou Voyage
d'Italie , repréfentant des Autels , Vafes ,
Trépieds , Arabefques, Tableaux, Vues ,
&c. foixante-fix Planches à l'eau-forte , d'a-
près les deffins de Fragonard, Robert &
autres ; plufieurs exécutées par Ch. Weifbrod & Adel. Allou, in 4. cart.

870 Proportions prifes fur les Figures antiques

avec Explication manuſcrite ; in-4. cart.
deux cent cinquante Morceaux par Seb.
Le Clerc ; Sujets & Médailles, pet. in-fol.
rel. & Suite de ſoixante-dix Pièces , d'après
des Pierres antiques par Bern. Picart , avec
Explication manuſcrite , pet. in-fol.

871 Pierres gravées d'après Guay, & Sujets
d'après Fr. Boucher & Ch. Eiſen , par Mad.
de Pompadour , in-4. fig. pap. d'Hollande.

VIES DES PEINTRES

ET OUVRAGES SUR LES ARTS.

872 Entretiens ſur les vies & ouvrages des
Peintres & Architectes , par Félibien ,
Trévoux 1725 , 6 vol. in-12. rel. fig.

873 Abrégé de la Vie des plus fameux Peintres , par Dezallier d'Argenville, Paris
1745 , 2 vol. in-4. rel. fig.

874 Extrait des différens ouvrages publiés ſur
la vie des Peintres , par Papillon de la
Ferté , Paris 1776, 2 vol. in-8. dem. rel.

875 La Vie des Peintres flamands , allemands
& hollandois , par J. Bapt. Deſcamps , Paris
1753 , 4 vol. in-8. demi-reliure, fig. par
Etien. Ficquet & autres.

876 Vies des premiers Peintres du roi , le Peintre converti aux règles de ſon art , Deſcriptions d'ouvrages de Peintures & autres
faits pour le roi , 3 vol. in-12. rel.

877 L'Abecedario Pittorico , Napoli 1733 ,
in-4. rel.

878 Réflexions fur la Peinture par Hagedorn, traduction d'Huber, Leipzig, 1775 , 2 vol. in-8. rel. Œuvres d'Antoine Raphael Mengs, fur la Peinture, Amfterdam & Paris 1781, in-8. br. Obfervations fur la Peinture par Gautier, Paris 1753, in-12. br.

879 Dictionnaire des Beaux Arts , par La Combe, Paris 1752, — Pittorefque & Hiftorique par Hebert, Paris 1766 , 2 vol. — de Peinture & d'Architecture, Paris 1746, 2 vol. — de Peinture, Sculpture & Gravure, par Pernety, Paris 1757 ; en tout 6 vol. in 12. rel.

880 Hiftoire des Arts qui ont rapport au Deffin par Monier, Paris 1698 ; Lettre fur la Peinture, la Sculpture & l'Architecture, Amfterdam 1749 : Sentimens fur les diverfes manières de Peintures , &c. par Boffe, Paris 1649 ; Réflexions fur la Peinture & la Gravure, & Répertoire de Tableaux, Deffins & Eftampes, par C. F. Joullain fils ; Traité de la Gravure en bois, par Papillon , le premier vol. feulement, en tout 7 vol. in-12. rel. & br.

881 Dictionnaire des Monogrammes , Rébus, &c. trad. de l'allemand, par Chrift, Paris 1750 , in-8. v. f. fil.

882 Dictionnaire des Graveurs anciens & modernes, par feu P. Fr. Bafan graveur, Paris 1767, 2 part. en 1 vol. in-12. v.

883 Dictionnaire des Graveurs anciens & modernes, par feu P. Fr. Bafan graveur, Paris 1789, 2 vol. in-8. mar. r. fil. & tr.

d. fig. au nombre de 231 , au lieu de cinquante qui s'y trouvent ordinairement.

884   Notice générale des Graveurs & des Peintres , par Hubert, Drefde & Leipzig 1787 , in-8. cart.

885   Eloge hiftorique de Callot , Bruxelles 1766 ; Catalogues des Œuvres de Rubens , Jordaens & Corn. Vifcher , par R. Hecquet graveur , Paris 1751 ; Catalogues des Œuvres de Fr. de Poilly & Ph. Wouwermans par le même , Paris 1752 ; Catalogue de l'Œuvre de Rembrandt , par Gerfaint , Paris 1751 ; Supl. au même catalogue , par P. Yver , Amfterdam 1756 , 5 vol. in-12. plus le Catalogue de l'Œuvre de Ch. Nic. Cochin fils , par Jombert , Paris 1770 , in-8. br.

886   Beredeneerde , Catalogus Van alle de Prenten Van Nicolaas Berchem , Amfterdam 1767 ; in-8. br. A Defcription of. the Works. of the ingenious delineator , and Engraver Wenceflaus Hollar , London , 1759 , pet. in 4. cart.

887   Voyage pittorefque de la Flandre & du Brabant , par Defcamps , Amfterd. 1772 , in-12. v. fil.

888   Le même Ouvrage , Paris 1779 ; Catalogue de la Galerie de Drefde , Drefde 1765 ; & celui de la Galerie de Vienne , Bafle 1784 , 3 vol. in-8. plus celui de la Galerie de Duffeldorff , in-12. br.

889   Defcription de l'Académie de Peinture par Guerin , Paris 1715 ; Catalogue des Ta-

bleaux du Luxembourg, Paris 1755 ; Analyse du Voyage de Naples & Sicile, par Brizard, Paris 1787.

CATALOGUES DE VENTES.

890 Catalogues des Ventes de Crozat , l'Orangere, La Roque & Fontpertuis, par P. J. Mariette & E. F. Gersaint ; plus Recueils de Catalogues, Notices, &c. quarante vol. in-8. ou in-12. rel. ou br.

Nota. Partie des Catalogues ci-dessus & des articles suivans sont avec les prix.

891 Catalogues des Ventes de Lempereur, Choiseul, Sireul , de Pange, Bourlat, Langeac, S. Hilaire, Caulet d'Auteville, Saly, Copette & Le Bas; par J. F. Boileau & F. C. Joullain; cinquante Catalogues & Notices des mêmes.

892 Catalogues des Ventes de Julienne, Tallard , Gagnat, Gagny, Boisset, Conti, Cayeux, Beaujeon & autres, au nombre de plus de cinquante, par P. Remy.

893 Quatre-vingt Catalogues par feu Pierre François Basan, pour les Ventes de Bouchardon , Rumpré, Slodtz , Quarre de Quintin, Fabre, les Vanloo, Mariette, Neyman, Latour d'Aigues, Servat, Marigny, Wille, Aliamet , &c.

894 Catalogues des Ventes de La Valliere, d'Aumont, Merle, Veri, Lollier, Poullain,

Le Brun, de Prefle, Nourri, Bergeret,
d'Héricourt, &c. par A. J. Paillet, J. B. P.
Le Brun, F. L. Regnault & autres ; formant une liaffe de quatre-vingts brochures.

895 Catalogues d'Objets curieux de Ventes
faites en Hollande & en Flandre, autres de
Livres, au nombre de 20 vol. rel. & br.

ÉDITION ET PLANCHES GRAVÉES.

896 Le Dictionnaire des Graveurs anciens &
modernes, par feu Pierre François Bafan
graveur, feconde édition ; ouvrage orné
de cinquante Planches, Frontifpices, Vignettes, Sujets, Portraits, &c. par des artiftes, dont la vie fait partie de cet ouvrage.
2 vol. in-8. Paris Prault 1789, quatre
cents foixante-dix exemplaires, quatre
cents cinquante font en feuille & non affem-
blés, le furplus eft broché ou rel. & dix-
huit cents épreuves des Planches, tirées à
nombre impair.

897 Recueil de cent vingt Sujets & Payfages
gravés à l'eau-forte par des artiftes modernes, d'après les deffins de différens maîtres,
italiens, flamands & français, dont les originaux font partie de la collection de feu
Pierre François Bafan, décrite au préfent
Catalogue, exécutés fur quatre vingt-
quatre Planches tirées en foixante-cinq
feuilles ; trois mille neuf cents épreuves,
formant foixante Suites ; plus vingt-deux

Sujets sur dix-sept Planches , destinées à augmenter cette Suite : en tout cent un Cuivres.

898 Planche à l'eau forte , par Pâris, d'après le Tableau de P. Bril, indiqué sous le n. 900 ci-après, mais de plus grand format que l'original.

899 Plusieurs Planches , petites Vignettes & Allégories ; cuivres blancs & outils de graveurs.

TABLEAUX.

P. BRIL.

900 Un Paysage coupé de Montagnes couronnées de masse d'arbres ; des cascades traversent celles de la droite & tombent dans une riviere qui occupe le devant ; plusieurs figures & animaux se voyent sur les plans suivans, & un horison éloigné, termine le fond ; Hauteur 7 pouc., largeur 10 pouc. 6 lig. C.

J. F. DE WOUTERS.

901 Un Village dans des Dunes sablonneuses bordées d'une riviere, avec barques à voiles, Tableau orné de figures. Haut. 16 pou. 6 lign. larg. 22 pouc. 9 lign. B.

L. J. F. DE LAGRENÉE.

902 Pâris sur le Mont Ida, présentant à Vénus le prix de la Beauté, Junon & Pallas se

retirent irritées de ce jugement; le Pendant offre des Nymphes & des Amours
au bain, des Payfages terminent ces compofitions. Haut. 30 pouc. 9 lign. larg. 37
pouc. 9 lign. T.

PAR LE MÊME.

903　La Déeffe Pallas fe couvrant de fes vête-
mens, frappe d'aveuglement Tiréfias qui la
regarde; un Payfage termine ce Tableau.
Haut. 16 pouc. 6 lign. larg. 20 pouc. 6
lign. T.

P. AL. WILLE.

904　Une Dame affife dans un appartement;
elle eft vue jufqu'aux genoux, tenant une
lettre à la main; fes yeux élevés vers
le ciel expriment la douleur. Haut. 20
pouces 10 lign. larg. 16 pouc. 10 lign. T.
fujet connu par l'Eftampe qu'en a gravé
L. J. Cathelin, fous le titre de la Nouvelle affligeante.

SWEBACH-DESFONTAINES.

905　Des Dames & des Cavaliers font halte à
la porte d'une Hotellerie pratiquée près
d'une vieille tour, des fabriques & une
vafte étendue de pays, terminée par un
horifon éloigné, occupent le furplus du
Tableau. Haut. 13 pouc. larg. 12 pouc. B.

BRUANDET.

906　Vue prife dans l'intérieur d'une forêt, la
droite eft coupée par une route; un percé

dans le bois fe voit du côté oppofé , des figures & animaux ajoutent à l'intérét de cette compofition. Haut. 27 pouc. 9 lign. larg. 35 pouc. T.

907 Ariadne à mi corps, tenant la flûte de Pan, morceau exécuté en tapifferie à la Manufacture des Gobelins. Haut. 26 pouc. 6 lig. larg. 21 pouc. 6 lign. fujet de forme ovale fous glace.

L'Affemblée des Dieux , Tableau fur cuivre, & le Portrait d'une jeune femme peint en paftel.

BRONZES, MARBRES,

PORCELAINES, &c.

908 Vertumne & Pomone accompagnés de l'Amour, groupe de 18 pouc. de haut.

909 Deux Hommes à genoux, portant des rinceaux d'ornemens, terminés par des Bobeches formant Flambeaux ; ils font placés fur focle carré, en marbre griotte d'Italie. Hauteur totale 13 pouc. 8 lign.

910 Les Buftes d'Henri IV & de Sully, fur piedouche à fil de perles, fur fût de colonne en marbre bleu turquin, avec infcription. Hauteur 10 pouces 3 lignes.

911 Une Pyramide de forme triangulaire, en marbre cervelas , fur bafe profilée en marbre noir. Hauteur 36 pouc. 4 lign.

912 Un Vafe fond rouge , avec couvercle à jour, anfes figurées par des enfans & pieds

à ornemens, le tout en bronze doré. Hauteur 14 pouces 6 lignes.

913 Deux Vases en porcelaine céladon craquelée, sur piedouche à feuilles & à tore de laurier, les anses à rinceaux terminées par des masques de lion, les bords aussi à tore de laurier ; placés sur base carrée, en bronze doré. Hauteur 10 pouces.

914 Un Cornet en porcelaine fond bleu clair, à dessin de cigogne & plantes tracées en or. Hauteur 9 pouc. Plus, un petit Vase fond brun à cartouches.

915 Un Vase en cristal, monté en bronze ; les anses terminées par un mascaron, le culot à feuilles & le piedouche à tore de laurier sur base carrée. Hauteur 11 pouces.

916 Deux Piedestaux de forme chantournée, plaqués en ébene, garnis de têtes de béliers, rosaces, cadres à feuilles, filets & autres ornemens, en bronze doré. Hauteur 31 pouc. 8 lign.

917 Divers Tableaux, Terre-cuite, Dessins, Estampes, Volumes en papier blanc, Bordures dorées, Verres, Porte-feuilles, Boîtes, Camées-coquilles, Souffres d'après l'antique, & autres objets non décrits au Catalogue, seront vendus sous ce numéro.

TABLE ALPHABÉTIQUE

CONTENANT

LES NOMS DES ARTISTES

MENTIONNÉS AU PRÉSENT CATALOGUE.

A

A

B

C

Coliber,

R

D

F

H

I

Igny, Saint- , *Pag.* 19.

Ingouf, Pierre-Charles , 130. 174.

Ingouf junior, François-Robert, 106. 110. 123. 124. 130. 142. 198. 202.

Ingram, Jean , 195.

Ifraël. *V.* Mékeln.

Ifraël. *V.* Henriet.

J

Jacobé , J. 103.

    Jacobus Florentinus , 35.

Jaillier , 26.

Janinet, Jean - François , 17. 23. 60. 109. 117. 119. 121. 125. 128. 129. 132. 143.

Jardin, Karle *ou* Carle du, 46. 197.

Jardinier, Claude-Donat , 132. 198.

Janfcha , L. 222.

Jeaurat , Etienne , 26.

Jefferys , J. 127.

Jegher *ou* Jeghers, Chriftophe , 68. 70. 76. 82. 84. 86. 91. 203.

Jemiezer , Vincent, 204.

Jode, dit le vieux, Pieter de, 49. 53. 54. 70. 80. 82. 83. 86. 87. 88. 90. 96. 122. 217.

Jode, dit le jeune, Pieter de , 50. 68. 96.

Jode, Arnoud de ,

Jonxis , Pierre-Henri , 117.

Jordaens, Jacques, 8. 53. 54. 196.

Jofepin. *V.* Arpino.

Jouvenet, Jean , 109. 130. 196.

Lutma ,

N

Vorsterman, Lucas, *Pag.* 37. 45. 48. 54. 66. 68. 69.
70. 71. 72. 73. 76. 77. 78. 79. 80. 81. 84. 86.
87. 88. 89. 90. 96. 120. 121. 135. 217.
Vorsterman, dit le jeune, Lucas, 85.
Vos, Martin de, 123. 227. 228.
Vos, Corneille de, 124.
Vouet, Simon, 132. 186. 187.

W

Wael, Jean-Baptiste, 99.
Wael, Corneille de, 25. 99.
Wagner, Jean-George, 25. 99. 196. 211.
Walker, William, 95. 112. 128.
Walker, Antoine, 52.
Walker, J. 103.
Walton, H. 105. 127.
Ward, W. 104. 127. 141.
Watelet, Claude-Henri, 26.
Waterloo, Antoine, 11. 99. 192.
Watson, Thomas, 100. 101. 136.
Watson, Jacques, 52. 57. 103. 123. 134. 136. 141.
Watson, James, 136.
Watson, Fr. 103.
Watson, William, 141.
Watson, Caroline, 141.
Watteau, Antoine, 26. 132. 205.
Watts, J. 49.
Waumans, Coenrard *ou* Conrard, 49. 72. 217.
Webber, J. 153.
Wéeninx, Jean-Baptiste, 124. 199.
Werf, Adrien Vander, 123. 124.
Weirotter, François-Edmund, 11. 25. 181. 193. 229.

Fin de la table des Artistes.

TABLE DES MATIERES.

E R R A T A.

Pag. Nº.

Pag.	Nº.		
2.	7.	*lisez*	indiques.
26.	145.	*lisez*	Lallemand.
38.	214.	*lisez*	Thisbé.
44.	242.	*lisez*	de Gheyn.
Ib.	244.	*lisez*	de Gheyn.
50.	269.	*lisez*	mendiant.
51.	278.	*lisez*	Planetes.
63.	339.	*lisez*	jeunes.
119.	545.	*lisez*	Bizemont.
122.	559.	*lisez*	seize Pièces.
126.	592.	*lisez*	Byrne.
141.	683.	*lisez*	Chodowieschi.
140.	700.	*lisez*	de l'ancien & du nouveau Testament.
147.	707.	*lisez*	meilleures productions.
161.	720.	*lisez*	Thisbé.
168.	728.	*lisez*	Mnnichuysen.
220.	822.	*lisez*	Liothier.

ORDRE
DE LA VENTE
DE FEU P. F. BASAN père.

FEUILLE

DE DISTRIBUTION

DE LA VENTE

DE FEU P. F. BASAN père,

Graveur & ancien marchand d'Eſtampes.

Cette Vente commencera le 11 frimaire an VII de la République, cinq heures de relevée, en ſa maiſon, rue Serpente, N°. 14. (a)

PREMIERE VACATION.

du 11 frimaire an 7.

DESSINS ENCADRÉS EN FEUILLES ET EN VOLUMES.

	Ecole d'Italie.		*Ecole des Pays-Bas.*
N.ᵒˢ		N.ᵒˢ	
4	Le Guerchin.	21*	Agricola.
9*	Leone. (*b*)	22	Aken.
10	Leoni.	23	Aſſelin.
15*	Palmieri.	25	Battem.

(a) *Nota.* On verra, à dater du 11 frimaire, incluſivement, depuis onze heures du matin, juſqu'à deux heures après midi, dans la maiſon ſuſdite, les articles qui ſeront vendus le ſoir.

(b) L'étoile placée près des numéros, indique les Deſſins ſous verre.

Ecole des Pays-Bas.

N.^{os}

26 Bloemaert.
27 Bloemen.
28 Bout.
31 Dietricy.
33 Foucquier.
34 Goyen. (Van)

Ecole de France.

94* Fragonard.
99* Greuze.
100 Henriet.
103 Lafage.

Ecole de France.

N.^{os}

104* De Lagrenée.
105 id. m.
109 Larue, le Peintre.
110 Larue, le Sculpteur.
111 Lemoine.
112 Le Prince.
113 Machy.
114 Mangiard.
120 Prevost.

Deſſins dè différentès Ecoles.

131, 132, 137, 138 139, 145, 146, 147, 148, 149, 156, 157.

Tableaux.

900 P. Bril.
901 De Wouters.
902 De Lagrenée.
903 Par le même.
904 Wille.
905 Swebach-Desfontaines.
906 Bruandet.
907 Tableaux divers.

Bronzes, Marbres, Porcelaines, &c.

908, 909, 910, 911, 912, 913, 914, 915, 916 & 917, partie.

DEUXIEME VACATION.

Du 12 frimaire an 7.

Deſſins encadrés, en feuilles & en volumes.

Ecole d'Italie.

N.^{os}

3* Le Guerchin.
5* Cardi.
6 Caſtelli.

Ecole d'Italie.

N.^{os}

11* Maratti.
12* Par le même.
13* Palmieri.

Ecole d'Italie.	Ecole de France.

Ecole d'Italie.

N.ᵒˢ
16 Palmieri.
18* Pannini.

Ecole des Pays-Bas.

35 Huyfum. (Van)
37 Loo.
38* Myn. (Vander)
39 Neer. (Vander)
40 Orley. (Van)
41* Oftade. (Van)
42 Rademaker.
43 Par le même.
44 Roos.
45 Sacht-Leuen.
46 Sneyders.
47 Spranger.
48 Ter-Himpel.
49 Verfchuring.
50 Verftraaten.

Ecole de France.

67* Boiffieu.
68* Par le même.
69* Bouchardon.

Ecole de France.

N.ᵒˢ
72 Bouchardon.
76 Boucher.
77* Carefme.
79* Cafanova.
80 Par le même.
82* Par le même.
83* Charlier.
84* Chatelet.
86 Deshays.
87 Delaulne.
88* Drahonet.
89 Dumoutier.
90 Duverger.
91 Foffe. (la)
92* Fragonard.
93* Par le même.
98* Greuze.
102* Huet.
108* Lantara.
115* Noël.
119 Pouffin.
124* Vanloo.
125* Vernet. (Jofeph)

Deffins de différentes Ecoles.

129, 130, 135, 136, 150, 151, 152, 153, 154, 155, 158, 159 & 917, partie.

TROISIEME VACATION.

Du 13 frimaire an 7.

Deffins encadrés, en feuilles & en volumes.

Ecole d'Italie.	Ecole d'Italie.

Ecole d'Italie.

N.ᵒˢ
1* Arpino. (Jofepin)
2* Le Guerchin.
7 Caftiglione.

Ecole d'Italie.

N.ᵒˢ
8 Celony.
14* Palmieri.
17* Pannini.

Ecole d'Italie.

N.os

19* Pipi. (Jules Romain)
20* Zuccarelli.

Ecole des Pays-Bas.

24* Backuyfen.
29* Breughel.
30* Bril.
32* Dufart.
36* Jordaens.
51* Viffcher.
52 Par le même.
53* Ulft.
54* Par le même.
55* Ulieger.
56 Waterloo.
57* Weirotter.
58 Wilkes.
59* Xaveri.
60* Zingg.

Ecole de France.

61 Amand.
62 Aubry.
63* Baudouin.

Ecole de France

N.os

64* Boiffieu.
65* Par le même.
66* Par le même.
70* Bouchardon.
71* Par le même.
73 Boucher.
74* Par le même.
75* Par le même.
78* Cafanova.
81* Par le même.
85* Cochin.
95* Fragonard.
96* Par le même.
97* Gelée, (Claude) dit
le Lorrain.
101* Hilair.
106* Lantara.
107* Par le même.
116* Oudry.
117 Par le même.
118* Pouffin.
121 Puget.
122 Robert.
123 Vanloo.

Deffins de différentes Ecoles.

126, 127, 128, 133, 134, 140, 141, 142, 143, 144, 160, 161 & 917, partie.

QUATRIEME VACATION.

Du 14 frimaire an 7.

Eftampes en feuilles des Ecoles d'Italie, des Pays-Bas, d'Angleterre & de France.

N.os 202, 203, 204, 205, 206, 344, 345, 346, 347, 348, 349, 350, 411, 412, 413, 414, 415, 426, 427, 455, 456, 530, 531, 532, 533, 556, 559, 560, 598, 599, 600, 628, 629, 637, 638, 696, 697.

Recueils d'Estampes & Œuvres de différens Maîtres.

N.^{os}
707 Partie.. ..... Pièces par
Fr. Bartolozzi, pag. 148,
depuis le sujet de l'Edu-
cation de l'Enfant Jésus,
d'après le Guerchin, juf-
ques & compris un Sujet
de la Ste Famille, d'après
le Benedette, pag. 149.

N.^{os}
711 Recueil de Carracci.
713 Galerie Farnèse, &c.
739 Œuvre du Vouet.
742 Œuvre de Mellan.
792 Recueil de Lafage.

Divers Recueils, Catalogues de Vente, &c.

823, 824, 825, 852, 853, 890, 891, 892, 893 &
917, partie.

CINQUIEME VACATION.

Du 15 frimaire, an 7.

*Estampes en feuilles des Ecoles d'Italie, des Pays-Bas,
d'Angleterre & de France.*

N.ºs 192, 193, 194, 195, 196, 308, 309, 310, 311, 312,
313, 314, 315, 316, 407, 408, 409, 410, 480, 481,
538, 539, 540, 541, 542, 549, 583, 584, 595, 596,
597, 608, 609, 643, 644, 698, 699.

Recueils d'Estampes & Œuvres de différens Maîtres.

707 Partie....... Pièces par
Fr. Bartolozzi, pag. 148,
depuis le Sujet d'Offrande
à Diane, d'après Cortone,
jusques & compris Jupiter
& Io, d'après le Corrège,
même page.

710 Peintures de l'Institut de
Bologne.
716 Peintures d'une Loge de
l'Eglise St. Pierre, &
Colonne Théodosienne.
741 L'Hôtel Lambert.
754 Œuvre de Leveau.

Divers Recueils, Pièces à l'eau-forte & Livres.

793, 826, 827, 828, 854, 855, 886, 887, 888,
889 & 917, partie.

SIXIEME VACATION

Du 16 Frimaire, an 7.

Estampes en feuilles des Ecoles d'Italie, des Pays-Bas, d'Angleterre & de France.

N.ᵒˢ 197, 198, 199, 200, 201, 239, 240, 241, 242, 243, 244, 245, 246, 247, 392, 393, 394, 395, 396, 447, 448, 490, 491, 492, 493, 552, 571, 572, 592, 593, 594, 632, 647, 648, 680, 690, 691.

Recueils d'Estampes de différens Maîtres.

703 Les Peintures de Caprarol.
707 Partie... Pièces par Fr. Bartolozzi, pag. 147, depuis les Portraits de Bartolozzi jusques & compris la Vierge, d'après Ferrata, pag. 148.

717 Pièces de Salvatore Rosa.

740 Peintures du cloître des Chartreux.

791 Impostures innocentes.

Divers Recueils, Livres, Catalogues de vente, &c.

821, 879, 880, 884, 885, 894, 895 et 917 partie.

SEPTIEME VACATION.

Du 17 Frimaire, an 7.

Estampes en feuilles des Ecoles d'Italie, des Pays-Bas, d'Angleterre et de France.

N.ᵒˢ 182, 183, 184, 185, 186, 273, 274, 275, 276, 277, 278, 279, 280, 281, 387, 388, 389, 390, 391, 460, 461, 482, 483, 484, 485, 555, 585, 586, 601, 602, 603, 606, 607, 641, 642, 694, 695.

Recueils d'Eſtampes & Œuvres de différens Maîtres.

N.ᵒˢ

701 Les Loges du Vatican.

707 Partie.... Pièces par Fr. Bartolozzi. Tous les morceaux de ce maître annoncés à la page 156.

709 Recueil de Tiepolo.

745 Œuvre de Daullé.

756 Œuvre de Choffard.

Divers Recueils de pièces à l'Eau - forte, Hiſtoire naturelle, Antiquités, &c.

758, 789, 820, 867, 868, 869, 870, 871 & 917 partie.

HUITIEME VACATION.

Du 18 Frimaire, an 7.

Eſtampes en feuilles des Ecoles d'Italie, des Pays-Bas, d'Angleterre & de France.

N.ᵒˢ 172, 173, 174, 175, 176, 299, 300, 301, 302, 303, 304, 305, 306, 307, 397, 398, 399, 400, 401, 451, 452, 498, 499, 500, 501, 557, 587, 588, 620, 621, 656, 657, 658, 668, 669, 692, 693.

Recueils d'Eſtampes & Œuvres de différens maîtres.

707 Partie.... Pièces par Fr. Bartolozzi, pag. 152; depuis le portrait d'Angelica Kauffman, juſques & compris le ſujet de la nymphe Echo; même pag.

714 Peintures de *Grotta ferrata, &c.*

749 Recueil de F. Baſan.

757 Œuvre de le Prince.

786 Pièces à l'Eau-forte des Deſſins de Duſſeldorff.

807 Portraits des Comtes de Flandres.

811 Les illuſtres Français, par Ponce.

Vues & autres Recueils, &c.

831, 832, 833, 864, 865, 866 & 917 partie.

NEUVIEME VACATION

Du 19 Frimaire, an 7.

Estampes en feuilles des Ecoles d'Italie, des Pays-Bas, d'Angleterre & de France.

N.os 187, 188, 189, 190, 191, 416, 417, 418, 419, 420, 428, 429, 430, 431, 432, 433, 434, 435, 436, 453, 454, 494, 495, 496, 497, 551, 569, 570, 610, 611, 651, 652, 653, 670, 671, 687, 688, 689.

Recueils d'Estampes & Œuvres de différens maîtres.

707 Partie.... Pièces par Fr. Bartolozzi. Les deux derniers sujets de la pag. 154 & tous ceux de la p. 155.
719 Tableaux de Venise, par Monaco.

735 Recueil de Dietzsch.
750 Œuvre de Lalive.
751 Recueil de Boissieu.
784 Recueil de Gabbiani.
785 Dessins de la bibliothèque de Vienne.

Recueils de Portraits, Ornemens, &c.

805, 808, 822, 862, 863 & 917 partie.

DIXIEME VACATION.

Du 21 Frimaire, an 7.

Estampes en feuilles des Ecoles d'Italie, des Pays-Bas, d'Angleterre & de France.

N.os 162, 163, 164, 165, 166, 291, 292, 293, 294, 295, 296, 297, 298, 382, 383, 384, 385, 386, 449, 450, 486, 487, 488, 489, 546, 567, 568, 614, 615, 639, 640, 672, 673, 674, 675.

Recueils d'Eſtampes & Œuvres de différens maîtres.

N.ᵒˢ
704 Œuvre de Ch. Alberti.
707 Partie.... Pièces par Fr. Bartolozzi, pag. 152; depuis les Sujets des ſaiſons juſques &compris ceux de Shakeſpear, même page.
734 Recueil de Kobell.
738 Œuvre de Delaulne.
755 Œuvre de Saint-Non.
766 Recueil d'Eaux-fortes.
770 Cabinet Derby.
776 Diverſes pièces.

Recueils divers, Vues, Vignetes, Antiquités, Fables, &c.

780, 804, 829, 830, 838, 844, 861 & 917 partie.

ONZIEME VACATION

Du 22 Frimaire, an 7.

Eſtampes en feuilles des Ecoles d'Italie, des Pays-Bas, d'Angleterre & de France.

N.ᵒˢ 207, 208, 209, 210, 211, 265, 266, 267, 268, 269, 270, 271, 272, 377, 378, 379, 380, 381, 465, 466, 502, 503, 504, 505, 548, 561, 562, 604, 605, 633, 634, 676, 677, 678, 679.

Recueils d'Eſtampes & Œuvres de différens maîtres.

707 Partie.... Pièces par Fr. Bartolozzi, pag. 152; depuis les ſujets de Rhodope, juſqu'au bas de la page ſuſdite.
708 Œuvre de Mart. Rota.
722 Recueil de J. Vanden-Velde.
727 Recueil de W. Baur.
748 Œuvre de Cochin.
765 Pièces à l'eau-forte.
772 Cabinet d'Aguilles.
777 Recueil d'après les deſſins de la Galerie de Florence.
778 Autre *idem*.

Recueils de Vignetes, Livres à figures, &c.

802, 818, 819, 842, 843, 856 & 917 partie.

DOUZIEME VACATION

Du 23 Frimaire, an 7.

Eſtampes en feuilles des Ecoles d'Italie, des Pays-Bas, d'Angleterre & de France.

N.ᵒˢ 212, 213, 214, 215, 216, 372, 373, 374, 375, 376, 437, 438, 439, 440, 441, 442, 443, 444, 445, 446, 467, 468, 510, 511, 512, 513, 547, 565, 566, 612, 613, 635, 636, 681, 682.

Recueils d'Eſtampes & Œuvres de différens maîtres.

707 Partie.... Pièces par Fr. Bartolozzi, p. 151; depuis le ſujet de Tancrède, juſques & compris le ſujet du combat dans le cimetière, page 152.
712 Galerie Farnèſe, &c.

720 Recueil de Lucas de Leyde.
729 Œuvre de Laireſſe.
753 Œuvre de Demarteau.
761 Œuvre de Papillon.
775 Cabinet Poullain.
781 Eaux-fortes par Canale.

Recueils de Vignetes, Livres à Figures, &c.

803, 813, 814, 851, 857, 858, 859 & 917 partie.

TREIZIEME VACATION

Du 24 Frimaire, an 7.

Eſtampes en feuilles des Ecoles d'Italie, des Pays-Bas, d'Angleterre & de France.

N.ᵒˢ 232, 233, 234, 235, 236, 237, 238, 317, 318, 319, 320, 321, 322, 323, 324, 325, 362, 363, 364, 365, 366, 462, 463, 464, 534, 535, 536, 537, 558, 563, 564, 618, 619, 649, 650.

Recueils d'Estampes & Œuvres de différens maîtres.

N.os

707 Partie.... Pièces par Fr. Bartolozzi. Tous les morceaux décrits à la page 153.

715 Recueil du Guide, &c.

721 Recueil de Rembrandt.

732 Recueil de Chodowiecchi, &c.

747 Recueil de Balechou.

760 Pièces en clair obscur, &c.

773 Cabinet Choiseul.

782 Recueil de Boffi.

Recueils de Vignetes, Livres à figures, &c.

796, 797, 815, 816, 850, 860, 874, 876 & 917 partie.

___

QUATORZIEME VACATION.

Du 25 frimaire an 7.

Estampes en feuilles des Ecoles d'Italie, des Pays-Bas, d'Angleterre & de France.

N.os 167, 168, 169, 170, 171, 335, 336, 337, 338, 339, 340, 341, 342, 343, 357, 358, 359, 360, 361, 472, 473, 474, 506, 507, 508, 509, 550, 581, 582, 616, 617, 645, 646, 683, 684.

Recueils d'Estampes & Œuvres de différens Maîtres.

705 Œuvre de Maratti.

707 Partie........Pièces par Fr. Bartolozzi, depuis le Sujet indiqué au haut de la page 154, jusques & compris celui de la Folle, même page.

723 Œuvre de Wouwermans,

726 Œuvres des Hopfer.

759 Œuvre d'Ingouf.

763 Eaux-fortes d'Italie.

774 Cabinet Poullain.

787 Cabinet de Praun.

794 & 795 Fig. des Métamorphoses.

834 Les Ports de France, &c. par Ozanne.

841 Statues antiques, &c.

Recueils divers & Livres.

847, 848, 872, 878 & 917, partie.

QUINZIEME VACATION.

Du 26 frimaire an 7.

Estampes en feuilles des Ecoles d'Italie, des Pays-Bas, d'Angleterre & de France.

N.ᵒˢ 177, 178, 179, 180, 181, 248, 249, 250, 251, 252, 253, 254, 255, 256, 351, 352, 353, 354, 355, 356, 457, 458, 459, 526, 527, 528, 529, 553, 573, 574, 575, 622, 623, 654, 655.

Recueils d'Estampes & Œuvres de différens Maîtres.

707 Partie.......Pièces par Fr. Bartolozzi, depuis le Sujet indiqué au commencement de la page 150, jusques & compris celui du Départ d'Hector, même page.
718 *Scola Italica Picturæ.*
724 Œuvre de Berghem.

733 Œuvre de Weirotter.
752 Œuvre de Greuze.
762 Pièces de vieux Maîtres.
767 Galerie de Dusseldorff.
788 Cabinet de Praun, &c.
798 Fig. pour les Œuvres de Lesage, &c.
799 Figures pour les Contes de la Reine de Navarre.

Recueils divers & Livres.

845, 846, 882, 883 & 917, partie.

SEIZIEME VACATION

Du 27 Frimaire, an 7.

Estampes en feuilles des Ecoles d'Italie, des Pays-Bas, d'Angleterre & de France.

Nᵒˢ 217, 218, 219, 220, 221, 257, 258, 259, 260, 261, 262, 263, 264, 367, 368, 369, 370, 371, 469, 470, 471, 514, 515, 516, 517, 554, 576, 577, 626, 627, 662, 663, 664, 685, 686.

Recueils d'Estampes & Œuvres de différens maîtres

N.^{os}

700 Peintures des Loges du Vatican, &c.

707 Partie.... Pièces par Fr. Bartolozzi, pag. 150, depuis le sujet d'Achille & Briseis, jusques & compris celui de Jeanne Gray, page 151.

725 Œuvre d'Albert-Durer.

728 Œuvre de Lairesse.

746 Œuvre de Jos. Vernet.

764 Eaux-fortes des Pays-Bas.

768 Galerie du Palais-Royal.

779 Recueil de Knapton & Pond.

800 Essai sur la Musique.

801 Chansons de la Borde.

835, 836 & 837 Voyages de la Suisse & de la France.

839 Bas-reliefs de Perrier.

840 Statues de la famille de Niobé.

917 Partie.

DIX-SEPTIEME VACATION.

Du 28 frimaire an 7.

Estampes en feuilles des Ecoles d'Italie, des Pays-Bas, d'Angleterre & de France

N.ºs 227, 228, 229, 230, 231, 326, 327, 328, 329, 330, 331, 332, 333, 334, 402, 403, 404, 405, 406, 475, 476, 477, 518, 519, 520, 521, 545, 589, 590, 591, 624, 625, 665, 666, 667.

Recueils d'Estampes & Œuvres de différens Maîtres.

702 Peintures des Salles du Vatican, &c.

707 Partie..... Pièces par Fr. Bartolozzi, pag. 149, depuis le Sujet de la Vierge, d'après Cipriani, jusques & compris celui de la Beauté & la Prudence, même page.

730 Œuvre de Schmidt.

736 Recueil de W. Baillie.

743 Recueil de G. Edelinck.

771 Cabinet Crozat.

783 Pièces à l'eau-forte d'après le Guerchin.

809 Recueil de Ficquet.

810 Portraits de Ficquet & autres.

Livres à figures, &c.

N.ºs 812, 841, 873, 875, 877, 881 & 917 partie.

DIX·HUITIEME VACATION

Du 29 Frimaire, an 7.

Estampes en feuilles des Ecoles d'Italie, des Pays-Bas, d'Angleterre & de France.

N.ᵒˢ 222, 223, 224, 225, 226, 282, 283, 284, 285, 286, 287, 288, 289, 290, 421, 422, 423, 424, 425, 478, 479, 522, 523, 524, 525, 543, 544, 578, 579, 580, 630, 631, 659, 660, 661.

Recueils d'Estampes & Œuvres de différens maîtres.

706 Recueil de La Bella.
707 Partie restante.... Pièces par Fr. Bartalozzi, page 148; depuis le sujet de Vierge, dit *le Silence*, jusques & compris la Circoncision; même pag.
731 Œuvre de Wille.
737 Œuvre de Strange.
744 Œuvre de Vivarès.
769 Cabinet de Reynst.
790 *Liber veritatis*.
806 Portraits de Van Dyck.

817 Le Télémaque.
849 Batailles & autres Sujets Chinois : seize grandes pièces.
896 Edition du Dictionnaire des Graveurs. Texte & Planches gravées.
897 Planches gravées d'après les Dessins du cabinet de feu P. Fr. Basan.
898 & 899. Planches gravées, &c.
917 Division. Partie restante.

DE L'IMPRIMERIE DE PRAULT,
Rue Taranne, N°. 749, à l'Immortalité.